ÉTUDES

SUR

LE PARIS D'AUTREFOIS

ARTHUR CHRISTIAN

—

ÉTUDES

SUR

LE PARIS D'AUTREFOIS

—

LES DEMEURES ROYALES

AUX PORTES DE PARIS

PARIS

| G ROUSTAN | CHAMPION |
| QUAI VOLTAIRE, N° 5 | QUAI VOLTAIRE, N° 9 |

MDCCCCV

LES

DEMEURES ROYALES

AUX PORTES DE PARIS.

CHAPITRE I.

SAINT-OUEN.

Les environs de Paris ne nous captivent pas uniquement par le charme pénétrant de leur paysage & la variété incessante des points de vue : les événements politiques auxquels ils ont servi de cadre apportent encore à ces dons naturels leur regain d'intérêt. Situés aux portes de la ville qui est depuis neuf siècles la capitale de la France, ils sont devenus, par le fait de ce voisinage à la fois utile & périlleux, le théâtre de faits mémorables, de scènes curieuses & même gaies, parfois tragiques; ils lui ont dû, en même temps que le contre-coup de bien des secousses, une place dans l'histoire, et pour leur époque la plus marquante de toutes : l'honneur d'offrir un lieu de villégiature, une *maison des champs* à la royauté heureuse d'échapper plus d'une fois à l'atmosphère empestée, à l'exiguïté, à l'obscurité & aux troubles de sa bonne ville. Cette communion dans leur destinée, qui établit une si étroite relation entre le passé de la capitale & celui de sa banlieue, nous amène à compléter l'histoire des demeures royales de Paris par celle des châteaux où les souverains cherchaient « leur esbatement & soulas » hors des portes.

Nous devons la première mention à Saint-Ouen : sa position sur les bords de la Seine en fit rechercher le séjour par les rois dès la première race, alors que Paris n'était que l'embryon d'une capitale, comme si la monarchie, encore tâtonnante & déjà séduite par les rives de la Seine, avait longtemps cherché dans cette région un siège pour son gouvernement avant d'arrêter son choix sur la petite Lutèce & l'île de la Cité. Dans la seconde partie du moyen âge, cinq générations royales se prirent de goût pour Saint-Ouen, en firent le témoin de leurs fêtes & de leurs luttes; plus tard les châteaux qui survécurent à l'habitation royale virent Molière courir les routes de la banlieue, la Pompadour intriguer, Necker travailler inutilement au salut de la monarchie, Mme de Staël écrire des pages qui élargissaient l'horizon de l'esprit humain.

Au VIIe siècle, la forêt de Rouvray s'étendait beaucoup plus avant du côté de Saint-Denis que le moderne Bois de Boulogne, ouvrant un merveilleux champ d'action au goût héréditaire des rois mérovingiens pour la chasse. Dans une clairière, au sommet d'une légère éminence d'où la vue dominait tous les environs, l'une de ces nombreuses *villas* ou domaines ruraux disséminés sur tout le territoire des Francs portait le nom de *Clippiacum* [1], aussi bien que le territoire environnant de Neuilly à Saint-Denis, de la Seine à Montmartre. Si nous en croyons une tradition persistante, dont la trace se retrouve aussi bien dans le témoignage local que dans les affirma-

---

[1] *In pago parisiaco, super flumen Sigona.* (D. Bouquet, t. IV, p. 694.) On n'en connaît pas de mention antérieure à 625.

1.

tions concordantes des historiens depuis le XVIᵉ siècle [1], saint Ouen, chancelier ou *référendaire* de Dagobert, habitait une demeure voisine de la villa royale. Il y mourut, & sa maison, conservée par la vénération publique, même après l'abandon de Clippiacum, devint une chapelle au IXᵉ siècle &, deux ou trois siècles après, une église restée célèbre jusqu'à la Révolution. Consacrée sous le nom du saint, elle le transmit à la petite ville qui, au cours des siècles, s'est développée autour d'elle sur l'emplacement de l'ancien domaine royal, tandis que la portion méridionale du territoire voyait surgir un nouveau village qui reprit, nous en trouvons la trace dès 832, l'ancien nom de *Clippiacum* abandonné par le chef-lieu.

Les rois de la première race, qui promenaient au hasard de leur goût pour la chasse leurs mœurs brutales, semblent, entre toutes leurs demeures suburbaines, avoir préféré Clippiacum, dont le nom est mêlé à une grande partie de leur histoire. C'est à la cour de Da-

[1] Voir BELLEFOREST, *Annales de France*. Paris, 1579; p. 89. — DUBREUIL, *Théâtre des Antiquitez de Paris*. Paris, 1612; p. 1184. — SAUVAL, *Antiquités*, t. III, table, etc.

gobert que saint Ouen, le futur patron de la localité, acquit l'influence religieuse qui fut le fondement de sa célébrité : comme référendaire, il contresigna en 632 un diplôme royal qui sanctionnait le don du village d'Écouen à l'abbaye de Saint-Denis. Après Dagobert, le saint, devenu évêque de Rouen, ne séjourna plus autant à Clippiacum, & le domaine commença à déchoir : les rois fainéants, sans y renoncer, l'habitèrent moins. Thierry III s'y trouvait encore, il est vrai, lorsqu'en 683 le vieil évêque vint le trouver pour lui rendre compte d'une mission & mourut presque aussitôt dans la villa épiscopale à laquelle il devait laisser son nom. Ses funérailles solennelles[1] furent le dernier événement marquant du vieux domaine. Les maires du palais allèrent résider ailleurs, laissant le palais tomber en ruine, & la terre, morceau par morceau, finit, en 741, par passer tout entière aux mains de sa puissante voisine, l'abbaye de Saint-Denis. A ce moment, de nouveaux groupements se constituèrent, & le siège de l'ancien palais, marqué

[1] Voir les *Acta Sanctorum*, août, t. IV, p. 809.

par la chapelle qui portait le nom de Saint-Ouen, fut distrait de la partie qui avait repris le nom initial de toute la villa.

Sous la deuxième race, la *cella Sancti Audoeni* était bien obscure encore & dénuée de prestige. Au XIIIe siècle & malgré les désastres de l'invasion normande, la chapelle avait vu un village s'élever à son ombre; elle était devenue une église où, jusqu'à la Révolution, on conserva un doigt du saint, précieuse relique qu'on faisait passer « proche les oreilles des personnes sourdes, & un grand nombre de pèlerins s'en sont bien trouvés » [1].

A la fin du XIIIe siècle, un archidiacre de Paris, Guillaume de Crespy, était arrivé, par voie d'achats ou d'échanges, à acquérir sur le territoire de Saint-Ouen & du côté de Saint-Denis divers immeubles constituant un vaste domaine entre la Seine & le chemin de Saint-Ouen à Saint-Denis.

Charles de Valois, frère de Philippe le Bel, avait remarqué ce domaine : il le savait bien

---

[1] LEBEUF, *Histoire de la banlieue ecclésiastique de Paris,* t. III, p. 297.

situé, d'un bon rapport, donc fort désirable, mais naturellement d'un prix élevé. Les temps étaient durs, l'argent rare; ce prince du sang préluda au moyen qui devait encore réussir, un peu plus tard, à son royal frère contre les Templiers : la spoliation. L'archidiacre Guillaume étant mort, c'est à ses héritiers qu'il s'en prit, prétendit audacieusement qu'ils étaient ses serfs dans le Valois, & consentit à les affranchir au prix de la cession de leur propriété; cela se passait en novembre 1299.

Une fois maître de ce bien mal acquis, Charles songea à le rendre digne de son rang.

La «salle» y était seulement commencée : il en fit surélever les murs sur lesquels reposèrent une cinquantaine de fermes en charpente; il y posa un dallage en carreaux plombés & sept cheminées : on y accédait par un double escalier au milieu duquel s'élevait une logette. De la cave ou *eschançonnerie* « par dessouz terre jusque hors des murs qui cloent le pourpris » un souterrain devait communiquer avec la campagne. La cuisine, insuffisante, fut refaite « pour avoir une elle à mettre le drechouer sur quoy l'en depecera & drecera la viande ». Enfin l'eau, bien que la Seine coulât au pied de la propriété, était difficile à monter : on construisit au niveau de la salle un magnifique puits de six pieds de large en pierre de taille, « & si aura au dit puis une roe, & en celle roe tournera quatre cordes où il aura bien cent petis seaus qui touz puiseront en l'yaue dedenz le puis & la gesteront si haut par l'enging que la roe merra, que elle descendra en la cuysine & en toutes les offices de l'ostel » [1].

Ce domaine, « monseigneur Challes » ne cessa de l'améliorer jusqu'à sa mort, & il s'empressait d'y revenir dès que les affaires politiques le lui permettaient. En février 1301, à peine marié avec Catherine de Courtenay, il vint avec la princesse y passer sa lune de miel : c'est là qu'elle mourut en octobre 1307. Elle fut enterrée dans l'église des Frères-Prêcheurs, « ouquel enterrement le Roy & les nobles furent presens, & le maistre du Temple d'oultre-mer [2],

[1] Arch. nat., J 169, n° 23.
[2] Jacques de Molay, encore en faveur apparemment auprès de Philippe le Bel; l'année suivante, les choses s'étaient bien gâtées.

lequiel aidoit à porter le corps en terre avec les autres nobles[1] ».

Les visites de Philippe le Bel mirent en vue le manoir de Saint-Ouen; en août 1311, il y signa l'acte d'expulsion des Juifs qui se déclaraient impuissants à lui fournir plus d'argent; en octobre 1314, il y interdit les joutes & tournois, exercices dangereux dont la mode tendait à renaître. Si Philippe VI négligea d'habiter le domaine qu'il tenait de son père Charles de Valois, son fils Jean II, au contraire, vint y séjourner, &, de son règne, date l'ère brillante du château royal.

Arrivé au trône dans l'une des plus lamentables périodes de l'histoire nationale, Jean le Bon, d'un abord ouvert, mais d'une jovialité un peu banale, irréfléchi & inconscient, généreux mais aux dépens du pays &, au fond, cyniquement égoïste, se prit d'un goût très marqué pour la demeure que lui avait laissée son père, la répara & l'entretint. La solitude lui pesait : il y réunit des amis, festoya avec eux, puis, pour les retenir, imagina de créer un ordre de cheva-

[1] *Chronique de Saint-Denis,* édit. P. Paris, t. V, p. 178.

lerie. Hanté par des visées puérilement chevaleresques, par la légende d'Arthur & de la Table-Ronde qu'ont popularisée la littérature & l'art de tout le moyen âge, il ne poursuivait d'autre but que de s'entourer de gentilshommes de sa trempe, bons compagnons, & d'incarner aux yeux des dames le type du parfait chevalier. « En ce temps & en celle saison devisa & ordonna li rois Jehans de France une belle compagnie grande & noble, sus le menière de le Table Ronde qui fu jadis au temps dou roy Artus; de laquele compagnie devoient estre trois cens chevaliers, li plus vaillant as armes & li plus souffisant dou royaume de France. Et devoient estre appellé cil chevalier li chevalier de l'Estoille. Et devoit cescuns chevaliers de le ditte compagnie porter une estoille d'or ou d'argent dorée, ou de perles sus son deseurain vestement, pour recognissance de le compagnie.

« Et eut adonc en couvent [1] li rois Jehans as compagnons de faire une telle maison & grande [2], dalés Saint-Denis, là où tout li com-

[1] S'engagea.
[2] Ici le chroniqueur se trompe : nous venons de dire que la fondation de ce manoir était bien antérieure au roi Jean.

pagnon & confrère devoient repairier à toutes les festes solenneles de l'an, ou à tout le mains cescuns une fois l'an. Et devoit estre appellée li noble maison de l'Estoille. Et y devoit li rois, au moins une fois l'an, tenir court pleniere de tous les compagnons. Et à celle court devoit cescuns des compagnons raconter toutes les aventures, sus son sierement, qui avenues li estoient en l'an, ossi bien les honteuses comme les honnourables.

« Et ne pooit nulz entrer en celle compagnie, se il n'avoit le consent dou roy & de le grignour partie de compagnons, & se il n'estoit sans diffame de reproçe. Et leur convenoit jurer que jamais il ne fuiroient en bataille plus lonch que de quatre arpens à leur avis; ançois morroient ou se renderoient pris, & que cescuns aideroit & secourroit l'autre à toutes ses besongnes comme loyaus amis... Et se il avenoit que aucuns des compagnons de l'Estoille en viellèce euissent mestier[1] de estre aidiet, & que il fuissent affoibli de corps & amenri de chevance[2], on li devoit faire ses frès en le

[1] Besoin.
[2] Diminué, atteint dans sa fortune personnelle.

maison bien & honnourablement, pour lui & pour deux varlès [1]. »

A lire ces explications, nous ne devons pas tant y voir les statuts du premier en date de nos ordres de chevalerie, que les règlements d'une association à la fois religieuse & militaire, entre chevaliers, d'assistance mutuelle sur le champ de bataille, & aussi d'un asile de retraite pour ceux qui étaient tombés dans le besoin; pour le roi personnellement, c'était le moyen de retenir par des récompenses honorifiques les grands chefs autour de lui dans sa lutte contre les Anglais.

Les chevaliers de l'Étoile portaient une cotte blanche, un chaperon rouge, des chausses noires & des souliers dorés, avec un manteau rouge fourré de martre & doublé de satin blanc; au doigt, un anneau d'or à leur nom, orné d'une étoile blanche sur fond d'émail rouge qui se répétait sur l'agrafe fermant à gauche leur manteau.

La fondation de l'ordre remontait aux premiers jours de novembre 1351; le 6 janvier sui-

---

[1] Voir FROISSARD, éd. Luce, t. IV, p. 126-28.

vant, le roi voulut en célébrer la fête inaugurale. La première promotion, peu nombreuse, ne comprenait guère que le roi & ses fils, les princes du sang & les grands officiers : c'était comme une fête de famille ne dépassant pas le chiffre de cent membres. Beaucoup manquèrent à l'appel, les uns par empêchement, les autres faute des ressources nécessaires. Impatient de réunir ses nouveaux confrères dans le costume qu'il avait imaginé pour eux, Jean prit à sa charge tous les frais. Dès le milieu de décembre, il vint à Saint-Ouen pour surveiller les apprêts dont le luxe devait répondre à l'éclat de la cérémonie. Dans la Noble Maison (c'est le nom qu'il lui avait donné), la grande salle, où devaient se tenir la séance & le banquet, fut livrée aux *couſtepointiers* (tapissiers) qui n'eurent pas le temps de réaliser intégralement le projet de décoration. La place réservée au roi fut surmontée d'un ciel de drap d'or & d'argent; les parois furent revêtues de velours & de draps rouges sur lesquels des peintres décorateurs exécutèrent les timbres & armoiries des chevaliers attendus. Les chambres à coucher du roi & de ses fils furent tendues de velours & d'étoffes brodées. Les décorateurs installèrent des meubles peints & sculptés, revêtirent de drap d'or l'oratoire royal; le clergé qui devait officier reçut de nouveaux vêtements sacerdotaux, & l'autel fut recouvert de nappes.

C'est encore par les soins du roi que furent préparés, pour les seigneurs, les costumes, les agrafes, les anneaux réglementaires : draps & velours d'écarlate, peaux d'agneau, d'hermine, de martre, chaussures de gala, & jusqu'aux housses des chevaux; les *Comptes de l'argenterie* s'étendent longuement sur tout ce luxe [1].

Les orfèvres, à leur tour, eurent leurs commandes : *fermails* ou agrafes de manteaux, anneaux d'or suivant le modèle prescrit. «Pour faire & forgier une estoille d'or sans pierrerie & un anel d'or à l'estoille que le Roy lui donna», la mention revient avec la monotonie d'un refrain, & afin qu'il y en eût pour tout le monde, les ouvriers durent travailler jour & nuit. C'était Jean *le Bon* qui régalait!

Le grand jour arrivé — c'était la veille de

[1] Arch. nat., Rég. KK, n° 8.

l'Épiphanie — tout & tous étaient prêts. Dès l'heure de *prime* (six heures du matin), les « compaignons » se réunirent pour la messe dans la chapelle de Saint-George : le roi nomma chevaliers tous les seigneurs présents, leur distribua leurs insignes & en reçut le serment statutaire. On alla cavalcader devant les dames, puis commença le banquet dans la grande salle. Le roi prit place sous son dais, & au milieu des riches costumes, des émaux étincelants, de la vaisselle d'or & d'argent, des riches tentures & des bannières armoriées, dans l'enivrement de la musique, la cervelle éventée du *bon* roi put lui donner l'illusion d'être une réincarnation d'Arthur teintée de chevalier errant, soutenant la cause des veuves, des orphelins, surtout des *damoiselles,* d'une bataille à un tournoi, d'une ripaille à un jeûne en l'honneur de la Vierge[1].

Le lendemain vendredi, on recommença[2] : il y eut messe, puis vêpres, ensuite banquet.

---

[1] C'est sous la protection de la Vierge, *Étoile* du royaume, que le fondateur avait placé son nouvel ordre.

[2] Voir la *Chronique des quatre premiers Valois,* éd. Luce, p. 23-24.

Fête étincelante, qui eut un lendemain sinistre. Tandis qu'on se donnait du bon temps à Saint-Ouen, les Anglais s'en donnaient dans les provinces de France : la nouvelle arriva inopinément que l'ennemi, trouvant le pays ouvert devant lui & les villes sans défense, venait de prendre par surprise la forte place de Guines. «Durant ceste feste de l'Estoille fu prise par traïson des Anglois la ville & le chastel de Guynes; car bonnes trieves estoient jurées entre les rois de France & d'Angleterre. Et pour ce, en ceste seurté estoit venu veoir ladite feste le sire de Bavelinguehem, capitaine & garde dudit lieu[1]. »

Ce n'était pas tout; dans la chaleur communicative du banquet, où plus d'un chevalier sans doute ne savait plus ce qu'il faisait ni où il était, il y avait eu beaucoup de pots cassés : c'est encore le roi qui prit à sa charge les frais du dégât.

Dans les semaines suivantes les fournisseurs vinrent en longue file présenter leurs réclama-

---

[1] *Chronique de Saint-Denis,* éd. P. Paris, t. VI, p. 51. Voir aussi la *Chronique des quatre premiers Valois,* éd. Luce, p. 24.

tions. La vaisselle d'or & d'argent, notamment la vaisselle empruntée, avait beaucoup souffert; nous voyons ainsi le chevalier Simon de Bucy, conseiller du Roy, indemnisé d'une écuelle d'argent «qui fut perdue en la Noble Maison, en la feste de l'Estoille, laquelle il avoit prestée lors»; & d'autre vaisselle d'argent «froissiée de piez à ladiête feste». De grands draps lamés d'or ou d'argent, des coupes «à boire vins nouveaux» furent égarés ou volés, «emblez & perdus à ladiête feste de Saint Ouyn»[1].

Cette première fête, qui devait se célébrer annuellement le 15 août, fut aussi la seule; il n'y eut pas non plus de nouvelle promotion de membres. Les chroniqueurs sont concluants à cet égard; au combat de Mauron, en Bretagne, livré quelques mois après, le 14 août, par les Français au parti de Montfort qu'appuyaient les Anglais, la fleur de notre chevalerie tomba dans une embuscade. «Les François, qui s'embatirent trop avant folement, furent tout mort & desconfi; & y demora mors sus le place

[1] Arch. nat., Rég. K K, fol. 3 v° et 10 v°.

V.   2

messires Guis de Neelle… & avoecques lui demorerent plus de quatre vingt & dix chevaliers de l'Estoille, pour tant qu'il avoient juret que jamais ne fuiroient; car se li sieremens n'euist esté, il se fuissent retret & sauvet. Ensi se desrompi ceste noble compagnie de l'Estoille avoecques les grans meschiés qui avinrent depuis en France [1]. » Le chroniqueur Jean Le Bel, un contemporain, confirme les faits & ajoute : « Oncques puis ne fut parlé de cette noble compagnie, & m'est avis qu'elle soit allée à néant, & la maison vague demourée [2]. »

Si, en théorie, l'ordre ne fut pas supprimé, si le roi Jean affecta de lui attribuer quelque importance, ceux des membres [3] qui avaient survécu à la malheureuse affaire de Mauron se firent tuer à Poitiers ou suivirent le roi en Angleterre. Un seul membre restait en France : le dauphin Charles; froid & réfléchi, il ne se souciait guère de la brillante confrérie imaginée par son père. Devenu régent, il avait mieux à

[1] Froissart, éd. Luce, t. IV, p. 128.
[2] Édit. Polain, t. II, p. 174.
[3] Dès la fondation, ils avaient été bien moins nombreux que ne le prévoyait le règlement.

faire que de réunir des chapitres d'ordre, & se
borna à aller de temps à autre en séjour pas-
sager à Saint-Ouen, pour se délasser. En 1358,
au fort de sa lutte contre les Parisiens, il faillit,
se rendant à la Noble Maison, tomber entre
les mains d'un partisan d'Étienne Marcel. «Le
samedi au soir dix septiesme jour du mois de
mars fut pris à Saint Cloud un escuier appelé
Phelipot de Repenti, & fu amené à Paris. Et
le lundi matin ensuivant, ledit Phelipot eut
la teste couppée es halles de Paris, & puis fu
pendu au gibet, pour ce qu'il confessa qu'il estoit de la compaignie de plusieurs qui avoient
emprins de prendre ledit duc de Normandie, régent du royaume, à Sainct Oyen, en
l'ostel de la Noble Maison, là où il estoit alé
trois jours ou quatre devant[1].»

Le mouvement communal éclata, & le
prince menaça les alentours de Paris du côté de
l'est. Pendant ce temps ses adversaires se con-
certaient dans son propre manoir; Charles le
Mauvais, appelé par les bourgeois de la capitale, arriva jusqu'à Saint-Ouen où Marcel vint

[1] *Chronique de Saint-Denis,* éd. P. Paris, t. VI, p. 98.

le retrouver. « Et pour ce que ceux de Paris lui mandèrent qu'il alast vers eux à Paris, il se traist à Sainct Ouyn en l'ostel du Roy appelé la Noble Maison. Et là ala le prévost des marchans parlementer avec ledit roy[1]. »

De retour en 1360, Jean ne songea plus guère à relever son ordre de l'Étoile, bien qu'il vînt encore plus d'une fois se distraire — c'était pour lui la grande affaire — à Saint-Ouen. Après sa mort en 1364, sa chère maison, qui avait vu des jours brillants, fut singulièrement négligée. Charles V, qui préférait Vincennes & Beauté, y revint bien de loin en loin, y fit même des réparations, mais plus peut-être à l'intention du dauphin, auquel il « avoit délessé ledit hostel pour son esbattement »[2]. En l'absence du maître, il y avait toujours un gouverneur, un concierge, toute une valetaille, qui usaient de l'abominable *droit de prise* ou de réquisition des objets nécessaires à l'entretien domestique.

[1] Le roi de Navarre. — *Chronique de Saint-Denis*, éd. P. Paris, t. VI, p. 115.

[2] Voir l'ordonnance d'octobre 1374 (*Rec. des Ordonn.*, t. VI, p. 67).

Ce fut donc un bonheur pour le voisinage que la Noble Maison de Saint-Ouen fût oubliée lors des visites que firent à Charles le Sage l'empereur d'Allemagne & d'autres souverains étrangers. Charles VI, prince prodigue, fit un accueil magnifique, en 1385, au roi Léon d'Arménie, de la famille de Lusignan, & décida de pourvoir à toutes les dépenses de son séjour prolongé. « Fut assigné ledit roi d'Arménie de six mille francs par an, & en ot cinq mille presentement pour lui pourvoir de chambre & de vaisselle, & lui fut délivré l'ostel de Saint Ouin delez Saint Denis, pour la demeurer luy & ses gens & pour y tenir son estat [1]. »

L'année suivante, « dimenche 5ᵉ jour d'aoust, en l'hostel de la Noble Maison, monsᵣ Jehan, fils monseigneur le duc de Berry, espousa madame Katerine, fille du roy Charles (Charles V) derrain trespassé » [2]. Les conjoints n'avaient chacun que neuf ans; le manoir entendit de nouveau le bruit des fêtes royales, qu'interrompit le départ du roi pour l'expédition navale tentée sans succès contre l'Angleterre.

[1] FROISSART, édit. Kervyn de Lettenhove, t. XI, p. 248.
[2] *Chronique de Saint-Denis,* éd. P. Paris, t. I, p. 448.

La folie de Charles VI éloigna de la Noble Maison pour des années la famille royale qui semblait prendre à tâche de confiner son malade à l'hôtel Saint-Paul au lieu de le soigner à la campagne. Ce n'est pas que Saint-Ouen lui-même fût oublié; tous les témoignages contemporains sont d'accord sur les fréquentes visites de la reine dans cet endroit qu'elle aimait, où elle acquit, nombre d'actes en font foi, plusieurs immeubles qu'elle arrondit & ne cessa d'étendre, & qu'elle habita de préférence à la Noble Maison.

Celle-ci n'était pas si délabrée, en dépit des ravages de la guerre civile ajoutés à ceux de la guerre étrangère, qu'elle ne pût encore servir de cadre aux fêtes que continuait à rechercher une cour insouciante. A la faveur d'une trêve entre les deux partis Armagnac & Bourguignon qui se disputaient le pouvoir, la jeunesse de la cour obtint l'autorisation de donner à la Noble Maison deux joutes à la fin de 1414 & au commencement de 1415. « A l'occasion des fêtes données pour la réception des ambassadeurs du roi d'Angleterre.... vingt braves champions venus de Portugal se présentèrent devant le roi en brillant équipage, demandant qu'il leur fût permis de se mesurer avec autant de Français à toutes armes, soit un contre un, soit plusieurs contre un nombre égal d'adversaires; le vainqueur pouvait tuer le vaincu qui refusait de se racheter. Bien que tous les gens sages dissent que c'était un crime de chercher la mort de son semblable sans en avoir reçu aucune offense, le roi fut forcé de céder aux instances de ses chevaliers qui regardaient comme le comble de l'infamie de refuser un cartel. Les joutes eurent lieu au mois d'octobre en présence du roi & de la cour dans le palais de Saint-Ouen. Un illustre écuyer breton, Guillaume de La Haye, se mesura le premier contre le Portugais Jean de Metz. Le combat dura près d'une demi-heure; aux chevaliers & écuyers bretons de raconter avec quelle vigueur ils rompirent les lances, s'attaquèrent à l'épée & se frappèrent à la hache. Je dirai seulement que l'écuyer breton soutint la lutte sans lever la visière pour reprendre haleine, ce qui prouve une force peu commune, & qu'il aurait certainement tué son adversaire, sans l'intervention du roi. Le jour suivant le roi montra la même bonté pour trois étrangers qui furent encore vaincus.

« Jaloux de réparer la honte de leur défaite, ils résolurent de tenter les chances d'un combat trois contre trois... Trois Poitevins se chargèrent de soutenir leur défi le 21 février, en présence du roi au palais de Saint-Ouen. Les champions se rendirent sur place vers le soir; des chevaliers anglais introduisirent dans le champ clos les Portugais comme alliés de leur nation; des seigneurs de la cour, les Français. Lorsqu'ils eurent successivement présenté leurs salutations au roi, & que les hérauts eurent à haute voix & en son nom défendu, sous peine de mort à tous les assistants, de troubler le combat par un mot ou un geste, on donna le signal.

« Ils entrèrent en lice, s'attaquèrent vigoureusement à coups d'épée & de hache, cherchant mutuellement à se donner la mort. L'écuyer François de Rogues désarçonna bientôt son adversaire, au grand chagrin des autres Portugais qui, le croyant mort sous les coups, obtinrent du roi à force d'instances qu'on le tirât du champ de bataille. Le vainqueur put alors courir au secours de ses compagnons qui étaient serrés de près, & eurent bientôt contraint leurs adversaires à se rendre à merci. Ainsi finit le combat[1] ».

La même année, l'empereur Sigismond, arrivé à Paris, « visita par passe-temps les maisons royales des environs & passa dix jours à l'abbaye de Saint-Denis. De là, il se rendait à Saint-Ouen, lorsqu'il rencontra presque à mi-chemin le roi de France, escorté d'une nombreuse suite de chevaliers, & dans un équipage magnifique; il l'embrassa en soupirant & les larmes aux yeux, & accepta de dîner chez lui (à Saint-Ouen) le lendemain[2] ». Grande marque de sensibilité qui n'empêcha pas ce triste personnage, déjà parjure naguère envers Jean Huss, de trahir encore la confiance du roi son hôte, en s'alliant contre lui avec Henri V dans l'espoir de recouvrer le royaume d'Arles.

Les acquisitions immobilières de la reine avaient apparemment fait envie au jeune duc de Guyenne, Louis, qui, cette année 1415, à la fin d'avril, acheta à son tour un grand

[1] *Chronique du Religieux de Saint-Denis,* éd. Bellaguet, t. V, p. 411-415.
[2] *Ibid.,* p. 745.

hôtel [1] avec « court, granche, estables, jardin & clos de vigne », sans compter diverses autres terres dans le ressort de la paroisse. Le jeune duc mourut peu après, & ses biens revinrent à la couronne. L'hôtel, comme tout le pays environnant, avait gravement souffert des maux de la guerre; mais la reine avait trop à faire ailleurs pour songer à le réparer; il fut donné à un particulier, dont les soins ne purent que retarder sa ruine définitive : il ne survécut pas aux troubles de la Ligue. Sur son emplacement un nouveau château fut élevé au XVIIe siècle : c'est celui qui vit, en 1814, Louis XVIII signer la *Déclaration de Saint-Ouen,* renfermant les principes de la Charte.

La reine Isabeau fit son testament; en 1431, quatre ans avant sa mort, elle légua à l'abbaye de Saint-Denis « une maison qu'elle avait à Sainct-Ouain-les-Sainct-Denis, appellez les Bergières (Bergeries), avec tous les cens, rentes & autres appartenances audit hostel [2] ». Tout

---

[1] Situé du côté de Clichy, à l'endroit qu'occupent approximativement aujourd'hui la gare & les docks.

[2] J. CHARTIER, *Chronique de Charles VII,* éd. Vallet de Viriville, t. I, p. 210.

comme l'hôtel de Guyenne, cette demeure « ruinée pendant les derniers troubles & guerres civiles », au dire de Doublet[1], n'existait plus au xviie siècle; mais le souvenir ne s'en perdit pas dans la région, où son emplacement continua jusqu'à notre époque à s'appeler « l'hôtel de la Reine ».

Que devint pendant ce temps la Noble Maison? De l'ordre de l'Étoile il n'était plus question depuis longtemps. Quant à l'hôtel même, habité durant un siècle par nos rois, désormais solitaire, délabré, abandonné comme une simple cabane de village ayant subi les ravages de la guerre, il représentait encore par ses dépendances, à la fin du règne de Louis XI, une certaine valeur qui n'échappa pas à l'œil toujours exercé de l'abbé de Saint-Denis. En 1482, celui-ci obtint du roi, en dédommagement des « grans ruynes, pertes & désolacions» subies, «l'ostel de Sainct Ouyn, situé & assis à costé du grant chemin d'entre Sainct Denis & Paris, en la haulte justice de ladicte eglise, avec ses appartenances & depen-

[1] *Antiquités de Saint-Denis,* p. 1312.

dances, & les terres, cens, rentes & revenus
qui y appartiennent » [1].

La Noble Maison n'en continua pas moins
à dépérir, subissant, tout comme au moyen
âge, le contre-coup des épreuves de la capitale. « Détruit dans le temps de la Ligue », au
témoignage de Dubreuil, l'édifice était en
1633, ajoute Corrozet, « un vieil chasteau tout
ruiné ».

Vingt ans après, nous trouvons le service
fondé jadis par Philippe de Valois à la chapelle
de Saint-George, transféré à Paris en même
temps que le prêtre desservant, « parce que,
déclare le roi dès le début de son règne, la
chapelle de Saint-George, cy devant bastie
dans l'enclos de nostre chasteau de Saint-Ouin
près Saint-Denis, est à present entierement
detruite, ensemble la maison dudit chapelain,
en sorte qu'il n'en reste aucun vestige, & il
n'y a pas apparence que nous les fassions re-
édifier si tost, attendu la destruction entière
dudit chasteau » [2].

[1] Voir le *Recueil des Ordonnances*, t. XIX, p. 86.
[2] Arch. nat., cart. S, n° 948.

CHAPITRE II.

VINCENNES.

Vincennes[1] fut, après Saint-Ouen, la plus ancienne de ces demeures que nos rois aimaient à habiter aux portes mêmes de la ville : ce nom, il est vrai, n'a été connu d'abord que par le bois qui, avec celui de Boulogne, constituait les deux points extrêmes, à l'est & à l'ouest, de la vaste forêt qui couvrait jadis toute la région : excellent terrain de chasse où les princes mérovingiens pouvaient se livrer sans entraves à leur divertissement national. Au VIIIe siècle, les moines s'établissent à Vincennes, & de nombreux titres ecclésiastiques précisent dès lors les droits d'usage auxquels la forêt était soumise : en 847, un titre de l'abbaye de Saint-Maur cite le bois de *Vilcenna* parmi les biens de cette maison; en 980, une bulle de Benoît VII en fait mention comme appartenant à l'église de Paris. Puis, en 1037, Henri Ier

[1] Nom d'origine apparemment germanique ou celtique.

autorise les moines de Saint-Maur &, en 1075,
Philippe Ier, ceux de Saint-Magloire, à prendre
pour leur chauffage du bois dans la forêt du
domaine royal; en 1147, le pape Eugène III
confirme l'abbaye de Montmartre &, en 1190
Philippe Auguste, celle de Saint-Martin, dans
la jouissance d'un droit analogue[1].

Louis VII, de retour de la seconde croisade, éleva à Vincennes, en 1154, les premières
constructions : comme mainte autre résidence
royale, elles se réduisirent au début à un
simple rendez-vous de chasse. Philippe Auguste
réalisa un nouveau progrès : en 1185 « il fit
enclore d'un mur très fort, *muro optimo,* le bois
de Vincennes qui, au temps de ses ancêtres,
était resté ouvert à tout venant. Le roi Henri
d'Angleterre, en l'apprenant, fit prendre des
cerfs, des daims, des chevreuils en Normandie & en Guyenne, ils furent avec grand soin
installés & mis à l'abri dans un grand bateau
pourvu de provisions suffisantes, & amenés au
roi Philippe par un long détour en remontant
la Seine. Le roi très chrétien fit le meilleur

[1] Voir Lebeuf, *Histoire de la ville & du diocèse de Paris,*
1883; t. II, p. 404.

accueil à ce présent, & ordonna d'enfermer les
bêtes sauvages dans le bois de Vincennes, en
les remettant à la vigilance de gardiens [1] ».
Ce fut le point de départ de la ménagerie
de Vincennes, qui répondait au goût, accru
par les croisades, pour les animaux exotiques :
elle s'étendit du côté de Saint-Mandé, où une
petite construction marqua, sous le nom de la
Tourelle, l'extrême limite du domaine royal.

Louis IX habita avec prédilection la demeure, élevée par Louis le Jeune, qu'un texte
de 1270 [2] qualifie de *regale manerium;* le souvenir de ses visites s'est perpétué dans la tradition
populaire, en un tableau d'une notoriété devenue proverbiale, grâce à Joinville qui nous
montre son maître se constituant à l'impro-
viste juge de paix pour rendre, sous un chêne,
la justice à ses sujets. « Maintes foiz avint que
en estei il se alloit seoir ou bois de Vinciennes
après sa messe, & se acostoioit à un chesne
& nous fesoit seoir entour li; & tuit cil qui

[1] RIGORD, *Vie de Philippe Auguste,* éd. Delaborde,
p. 34-35.
[2] Voir GÉRARD DU BOIS, *Histoire de l'Église de Paris,*
t. II, p. 490.

avoient afaire venoient parler à li, sanz des-
tourbier de huissier ne d'autre. Et lors il lour
demandoit de sa bouche : « A il ci nullui qui
« ait partie ? » — Et cil se levoient qui partie
avoient, & lors il disoit : « Taisiéz-vous tuit,
« & on vous deliverra l'un après l'autre. » —
Et lors il appeloit monsignour Perron de Fon-
teinnes & monsignour Geffroy de Villete, &
disoit à l'un d'aus : « Delivrez-moi ceste partie. »
Et quant il veoit aucune chose à amender en
la parole de ceus qui parloient pour li, ou en la
parolle de ceus qui parloient pour autrui, il-
meismes l'amendoit de sa bouche[1]. » Il bâtit
également, sous le vocable de Saint-Martin, la
première chapelle du château, où il déposa,
avant de la transporter en grande pompe à Notre-Dame de Paris, la sainte Couronne d'épines
que lui avait envoyée l'empereur Baudouin de
Constantinople. En mars 1270, c'est à Vincennes que le roi prit congé de la reine Marguerite au moment de s'embarquer pour sa
dernière croisade. La reine & sa belle-fille, la
comtesse de Nevers, habitèrent le château en

[1] *Joinville,* édition de la Société de l'histoire de France,
p. 21-22.

l'absence du roi; après sa mort, l'évêque de Paris, Étienne Tempier, vint apporter aux deux princesses la funèbre nouvelle avec ses condoléances, & il consentit, non sans difficulté, à accepter sur place l'hommage de la comtesse pour le fief de Montjay, devoir qu'il prétendait exiger dans son palais épiscopal. Il fallut toute l'insistance de la reine pour amener ce prêtre à une marque d'aussi élémentaire prévenance.

Mainte scène tragique se déroula ici : en 1278, le chambellan Gui de La Brosse, un parvenu accablé sous la jalousie de la noblesse & le ressentiment de la reine qu'il avait gravement calomniée, fut enfermé par Philippe le Hardi dans une tour du château & pendu. En 1314, ce fut Louis X qui abandonna un ancien serviteur de son père, Enguerrand de Marigny, aux rancunes d'une réaction aristocratique: le malheureux ministre, condamné par un tribunal réuni au bois de Vincennes, fut pendu à Montfaucon. Le roi lui-même ne survécut pas longtemps à la victime de sa lâcheté. « Il était sorti de Paris un jour pour se promener jusqu'au bois de Vincennes; après avoir joué à

la paume, excité par une chaleur accablante &
dévoré par la soif, il descendit dans une cave
glaciale & y but du vin très frais : il y con-
tracta la maladie (une pleurésie) dont il mourut. Son corps fut transporté à Saint-Denis[1]. »

Les rois qui se succédèrent depuis Louis VII
& Philippe Auguste se bornèrent à remanier
Vincennes jusqu'au xive siècle : en 1337, l'année même de la naissance de Charles V, Philippe de Valois y entreprit des travaux importants. La royauté, qui entrait dans une phase
nouvelle de son développement, demandait
mieux qu'un rendez-vous de chasse, une retraite assez forte pour la protéger soit contre
les incursions des Anglais, soit contre les mou-
vements des Parisiens devenus plus impa-
tients avec l'accroissement de leurs maux & la
conscience de leurs droits. Les temps, hélas,
étaient peu favorables, & l'état des finances ne
permit pas d'élever le nouvel édifice du donjon
au-dessus des fondements. Comme le roi Jean,
déjà absorbé, du reste, par la Noble Maison de
Saint-Ouen, passa la plus grande partie de son

[1] *Chronographie des rois de France,* éd. Moranvillé, t. I,
p. 228.

règne au loin, il fallut attendre jusqu'à Charles V, qui fut, au dire de Christine de Pisan,
« un grand bâtisseur », pour voir l'achèvement
du donjon carré qui constituait avec les remparts attenants une place forte de premier ordre
pour l'époque. Le nouveau château, mené à
bonne fin dès 1365, comportait un rectangle
de 382 mètres sur 222; les remparts étaient
flanqués de neuf tours carrées de plus de
30 mètres de hauteur[1], contiguës au mur
d'enceinte que protégeait un vaste fossé. Sur
l'un des côtés du rectangle, s'élevait, haut de
52 mètres, le donjon avec son enceinte & ses
fossés particuliers que franchissait un pont-levis.
Le roi y occupait le premier étage, la reine &
ses enfants le second, les proches parents du
roi le troisième; le reste servait à loger les officiers & gens de service. Quant à la chapelle
Saint-Martin, c'est la seule partie de l'ancien
château que n'avaient pas touchée les transformations de Philippe VI. En 1379, l'année même
qui précéda sa mort, le roi, qui la jugeait trop
étroite, commença à rebâtir en sa place la

---

[1] Elles furent rasées par Napoléon.

Sainte-Chapelle de Vincennes. Copiée exactement sur celle de Paris, l'œuvre primitive d'Eudes de Montreuil, sorte de reliquaire à proportions réduites, devait être un pur bijou d'architecture gothique : recula-t-on ensuite devant un agrandissement exagéré qui ne répondait plus au plan initial de l'artiste? c'est possible. Il suffit, pour en concevoir une idée, de voir l'énormité des baies latérales qui projettent sur l'intérieur une lumière éclatante. Interrompus durant plus d'un siècle par la mort du fondateur, les travaux furent repris par François Ier & terminés par Henri II. C'est à ce moment que le grand artiste de la Renaissance, Jean Cousin, décora les vitraux d'après les dessins de Raphaël, prétend certaine tradition : son œuvre, aujourd'hui détruite, représentait les sept trompettes de l'Apocalypse & les quatre saisons; ailleurs, c'étaient les insignes de l'ordre de Saint-Michel, dont Henri II transféra, en 1557, le siège du Mont Saint-Michel dans cette chapelle. Les vitraux supérieurs & les voûtes portaient partout des H & des D entrelacés, Ⱨ, & le croissant emblématique de Diane de Poitiers avec des cors de chasse, des chiens & des cornes d'abondance. Diane elle-même, nue & d'une parfaite ressemblance, figurait sur les vitraux du milieu de la nef, un ruban bleu passé dans la chevelure.

Restait la question de l'eau qui faisait défaut pour l'entretien du château. Dès le mois de mars 1361, le roi Jean y pourvut par une ordonnance sur l'adduction des sources de Montreuil que confirma son successeur en novembre 1364[1], décrétant que les habitants de ce village seraient exempts de tout droit de *prise,* de fourniture de provisions ou de logement aux gens de guerre, « par ainsi toutes voies que les diz habitans mettront ou feront mettre & soustenir doresenavant à toujours à leurs couz & despens les fontaines de ladite ville de Monstreuil par lesquelles l'iaue va en nostre ostel du bois de Vincennes; & aussi mettront ou feront mettre au delivre toutes les yaues & agouz de ladite ville jusquez au pavé qui va au vivier de la consiergerie dudit boys pour le gouvernement des bestes du parc ».

Le roi pourvut également, par l'établisse-

---

[1] Voir le *Recueil des Ordonnances,* t. IV, p. 204 & 511.

ment régulier d'une police locale, à la sécurité
de son château. Chaque nuit, six habitants de
Montreuil & de Fontenay furent appelés à
faire le guet dans le parc : le portier du château avait en garde des manteaux de gros drap
rouge à capuchon, qu'il leur remettait le soir
à leur prise de garde. Les campagnards, il est
vrai, regimbèrent énergiquement contre cette
servitude : le capitaine de Vincennes eut grand'-
peine à faire exécuter le règlement, & dut plus
d'une fois faire intervenir l'autorité du Châtelet.

Au commencement de janvier 1378, après
avoir reçu magnifiquement à Paris & traité
pendant plusieurs jours l'empereur Charles IV
& son fils Wenceslas, roi des Romains, Charles V accompagna ses hôtes à Vincennes. Le
9 janvier, arrivant de l'hôtel Saint-Paul, « le
roy mena l'empereur au bois. Et pour ce que
ja tart estoit, grant foison torches au devant lui
vindrent. Lendemain se fist porter l'empereur
tout autour de la grant chambre, pour veoir
par les fenestres le circuit du chastel que il
moult prisa.

« Apres dormir, à remontée, grant piece
ensemble furent, lui & le roy en bons esbate-

mens & parolles de vraye amour, & pria l'empereur au roy que lui donnast une de ses Heures, & il prieroit Dieu pour lui; de quoy le roy luy envoya deux, une petite, les autres grans. En dementiers que ainssi parloyent, vint le roy des Romains, que le roy avoit envoyé au parc esbatre & chacier, avec lui ses frères; adont l'empereur l'appella & par la main le prist, & lui fist promectre par sa foy, en la main du roy, que tant qu'il vivroit, serviroit & aimeroit lui & ses enfens, dont le roy les remercia. »

Le mardi 12, l'empereur fit son pèlerinage à Saint-Maur; puis « fu mis en sa lictiere & porté à Beauté-sur-Marne, que il moult prisa & y amenda de sa goutte, comme il disoit, si que lui-mesmes viseta tout l'ostel, qui moult estoit bien paré, & disoit que oncques en sa vie n'avoit veue plus belle, ne plus delictable place; & aussy disoient ses gens, lesquelz on avoit aussi menés en la tour du bois, & monstré les grans garnisons d'icelle & l'artillerie, dont le roi des Romains ot des arbalestes à son choix, que onques mais n'avoyent veu si merveilleuse chose. A Beauté fu l'empereur plu-

sieurs jours, & le roy chascun jour l'aloit vise-
ter, & a secret parloyent longuement, puis au
giste s'en retournoit au bois.

« L'empereur désira veoir la belle couronne
que le roy avoit fait faire; si luy envoya le roy
par Giles Mallet son vallet de chambre & Hen-
nequin son orphèvre; la tint & regarda moult
longuement partout & y prist grant plaisir,
puis la bailla, & dist que, somme toute, onques
en sa vie n'avoit veue tant de si riche & noble
pierrerie ensemble.

« Le jeudi devant la departie de l'empereur,
avoit fait le roy tous assembler les gens dudit
empereur… là vint le duc de Berry, & dit que
le roy le saluoit & lui envoyoit ses joyaulx
tels comme à Paris on les faisoit; lors lui presenta une moult noble couppe d'or garnie
de pierrerie, en laquelle avoit figure d'esmail
moult richement ouvré, l'espère (la sphère) du
ciel où estoit le zodiaque, les signes, les pla-
nètes & estoilles fixes, & leur ymages; & aussi
lui presenta deux grands flacons d'or, où estoit
figuré en ymages eslevées (en relief) comment
saint Jaques monstroit à saint Charlesmaine le
chemin en Espaigne par revelacion; encore lui

presenta un grant hanap d'autre façon, un gobellet & une esguiere, tout d'or, garnis de pierrerie & esmailliés de diverses façons, deux grans
pos d'or à testes de lions.

« Item, à son filz furent présentés quatre
grans poz, un grant gobellet, une esguiere tout
d'or, garni de pierrerie; & oultre cela, une
ceinture d'or longue, garnie de riche pierrerïe,
du prix de huit mille frans. Apres ensuivant,
à tous ses princes fu presentée vesselle d'or &
d'argent, si largement & à si grant quantité
que tous s'en esmerveilloyent[1]. »

Les premiers troubles populaires du règne
de Charles VI retinrent d'abord la cour à
Vincennes; puis le pauvre roi, fou durant de
longues années, resta enfermé, presque privé
de tout soin, à l'hôtel Saint-Paul, instrument
passif aux mains des partis qui, sous le cou-
vert de son nom, se disputaient le pouvoir.
En 1413, l'insurrection cabochienne venait
d'échouer, & le duc de Bourgogne, après s'être
laissé traîner à la remorque du mouvement, se
trouvait dans le plus grand embarras en pré-

[1] Christine de Pisan, *Le livre des fais*, etc., éd. Bu-
chon, ch. 43-45.

sence de la réaction qui poursuivait ses partisans. Acculé à une situation désespérée, il tenta
d'enlever le roi qui se trouvait dans un de ses
moments de lucidité passagère.

«Le duc de Bourgogne n'estoit pas bien
content ny aucun de ses gens; & le dimanche
(23 août) il disna de bonne heure, & s'en vint
dévers le roy à son disner, qui estoit comme
en transes de sa maladie : ce jour il faisoit moult
beau temps, & dit au roy «que s'il luy plaisoit
«aller esbatre jusques vers le bois de Vincennes,
«qu'il y faisoit beau»; & en fut le roy content;
mais l'esbatement qu'il entendoit, c'estoit qu'il
le vouloit emmener; or en vindrent les nouvelles audit seigneur de Trainel[1], lequel envoia
tantost par la ville faire monter gens à cheval...
& ledit de Trainel alla tout droit vers le bois,
là où il trouva le roy & le duc de Bourgogne.
Et dit ledit Trainel au roy : « Sire, venez-vous-
«en en vostre bonne ville de Paris, le temps est
«bien chaud pour vous tenir sur les champs.»
Dont le roy fut très content, & se mit à retourner. Lors ledit duc de Bourgogne dit audit

[1] Le prévôt des marchands, Juvénal des Ursins.

seigneur de Trainel «que ce n'estoit pas la «maniere de faire telles choses & qu'il menoit «le roy voler[1]». Auquel il respondit «qu'il le «menoit trop loin voler, & qu'il voyait bien que «tous ses gens estoient housez (bottés); & si «avoient ses trompettes leurs instrumens es «fourreaux»; & s'en retourna le roy à Paris[2].»

Pendant ce temps la reine Isabeau, le mauvais génie du royaume, retirée dans notre château, s'y entourait d'une société assez compromettante pour la dignité du nom royal; tout ce monde menait une vie dont la légèreté provoquait le mécontentement public. «Renommée estoit que en l'hostel de la Reyne se faisoient plusieurs choses deshonnestes. Et quelque guerre qu'il y eût, tempestes & tribulations, les dames & damoiselles menoient grands & excessifs estats. La chose desplaisoit fort à gens de bien[3].» Et la *Chronique du Religieux de Saint-Denis*[4] confirme de son côté que

---

[1] Chasser à l'oiseau.

[2] JUVÉNAL DES URSINS, *Histoire de Charles VI*, éd. Michaud & Poujoulat, p. 489.

[3] *Ibid.*, p. 533.

[4] Edit. Bellaguet, t. VI, p. 71-73.

« ces chevaliers tenaient une conduite indigne
de leur naissance… Ils n'avaient pas craint de
fouler aux pieds l'honneur de la chevalerie, &
à l'aide de complaisances coupables & d'intrigues scandaleuses, ils étaient parvenus à sé-
duire & à déshonorer quelques dames de haute
condition. L'infamie de ce commerce indignait
depuis longtemps les grands qui conseillèrent
au roi de les chasser ». Dans un de ses moments
de lucidité, un jour de l'année 1417, le roi prit
le parti d'aller se rendre compte en personne de
l'état des choses. « En ce mesme temps, la royne
de France estant au bois de Vincennes fut visitée
par le roy. Et ainsi qu'il retournoit à Paris, vers
le vespre, il encontra messire Loys Bourdon
(de Boisbourdon), chevalier, alant de Paris
audit bois de Vinciennes, lequel en trespassant
assez pres du roy s'inclina en chevauchant &
passa oultre assez legerement. Mais tantost le
roy envoia après lui le prevost de Paris & lui
commanda qu'il le prinst & le meist prisonnier.
· Lequel prevost, en accomplissant le commandement du roy, fist son devoir & print ledit
chevalier. Si le fist mener à Paris & puis le
mist en Chastellet, où il fut par le comman-

dement du roy fort questionné & depuis fut noyé en Seine[1]. »

A la suite du traité de Troyes (1420) qui assurait au roi anglais la couronne de France après la mort de Charles VI, Henri V & sa femme, Catherine de France, troisième fille de ce malheureux prince, arrivèrent « au bois de Vincennes devers le roy son père & la royne sa mère qui y estoient. Et chevauchoit ladicte royne Katherine[2] en estat royal, à tres grande puissance de gens d'armes. Auquel lieu ala de Meaulx à l'encontre d'elle ledit roy Henry, avecques ses princes, duquel elle fut reçeue joieusement comme l'ange de Dieu. Et aussi du roy & de la royne de France fut faicte toute léesse audit lieu de Vincennes pour la venue de leur beau filz & de leur fille la royne. Et le penultime jour de may, prévigile de la Penthecouste, lesdiz roys & les roynes leurs femmes se partirent dudit bois de Vincennes & entrerent en Paris en moult noble estat[3]. » Deux mois &

[1] *Chronique de Monstrelet,* éd. Douet d'Arcq, t. III, p. 175.

[2] Elle arrivait d'Angleterre, après avoir donné naissance à un fils qui fut Henri VI.

[3] *Chronique de Monstrelet,* t. IV, p. 99.

plus se passèrent à guerroyer contre les villes
encore insoumises; mais le roi Henri était ter-
rassé par la maladie [1]. « Pour tant qu'il se sentit
trop feble & qu'il empiroit de jour en jour,
retourna & se fist mener au bois de Vincennes,
& là se alita du tout. »... Le duc de Bedford
apprit « que son frère le roy Henry estoit moult
fort oppressé de la maladie dessus dicte & en
grant peril de sa vie. Et pour ce incontinent,
avecques lui de ses plus féables, à peu de compaignie chevaucha en haste jusques au bois de
Vinciennes où ledit roy Henry estoit...» Après
avoir réuni son frère & ses familiers pour leur
exprimer ses dernières volontés, « tost après le
roy Henry fist venir devers lui ses medecins,
& leur requist bien instamment qu'ilz lui voul-
sissent dire selon ce qu'ilz veoient de lui, quel
terme de vie il pourroit encore bien avoir. A
laquelle response ilz targèrent de respondre,
sinon de lui bailler esperance. Mais il ne fut
point de ce content, si leur requist de rechef
qu'ilz lui en deissent la pure verité. Et adon-
ques parlèrent lesdiz medecins ensemble, &

[1] Une fistule compliquée de dysenterie : on l'appelait
le *mal Saint-Fiacre.*

après par la bouche de l'un d'eulx qui se mist à genoulx devant lui, lui fut dit : « Sire, pensez « à vostre âme, car il nous semble que c'est la « grâce de Dieu que vous ne vivrez pas plus deuz « heures. » Et lors ledit roy manda son confesseur & aucuns autres gens d'eglise de sa famille, & ordonna à dire les sept pseaulmes penitenciales. Et quant ilz vinrent à *Benigne fac, Domine,* où il y a *muri Jherusalem,* il les fist arrester & dist tout hault que, sur la mort qu'il actendait, il avoit entencion que après qu'il auroit mis le royaume de France en paix, d'aler conquerre Jherusalem, se ce eust esté le plaisir de Dieu son créateur de le laisser vivre son aage. Et après qu'il eust ce dit, leur fist parfaire. Et tantost après, selon le terme que lui avoient dit & décrété lesdiz maistres en medecine, rendi son esperi à Dieu le derrenier jour d'aoust» (1422)[1].

Le traité d'Arras (1436) qui permettait d'entrevoir, avec la paix, la libération du territoire national, rendit courage aux Français en campagne qui reprirent plusieurs villes aux Anglais.

[1] *Chronique de Monstrelet,* p. 107, 109, 111-112.

« Pareillement se réduisit Pontoise & le dongeon du bois de Vincennes, lequel fut pris par
escalade d'un Escossois qui estoit dedans avec
les Anglois & de leur compagnie, lesquels Anglois pensoient qu'il fust Anglois comme eux;
& une nuict qu'il faisoit le guet en la grosse
tour, il mit les François dedans par le moyen
d'une eschelle. Il se descouvrit à l'abbesse de
Sainct Antoine des Champs lez Paris, laquelle
le rescrivit & fit sçavoir à messire Denis de
Chailly; & de plus il se descouvrit à un prisonnier françois qui estoit là dedans; & de ce
firent l'entreprise les gens de monseigneur de
Bourbon, & un des gens dudit messire Denis
de Chailly, nommé Guillaume de La Barre,
lequel par la tour dudit dongeon l'escalada,
accompagné de dix gens de guerre seulement,
& le prit à l'ayde dudit Escossois, la veille de
caresme prenant[1]. »

Jusqu'à Louis XI, Vincennes ne fut guère
qu'une maison de plaisance où les rois venaient «se soulacier & prendre esbatemens» :
Charles VII s'y installa après la réduction de

[1] *Histoire de Charles VII,* par Jean CHARTIER & BERRY,
publ. par D. Godefroy. Paris, 1611, in-fol.; p. 392-393.

Paris en 1436, tandis qu'Agnès Sorel habitait le château de Beauté; entre les deux demeures, les visites, comme bien on pense, étaient incessantes & la maîtresse royale, surprise par la fin d'une grossesse, accoucha d'une fille au donjon. En même temps le pouvoir royal en exploitait les revenus avec l'esprit méthodique & très positif d'un simple particulier dans la tenue de son domaine rural. Les *Comptes de l'hôtel* (plus tard Maison du roi) *aux XIVe-XVe siècles* enregistrent, non seulement les contributions en argent prélevées par le roi sur le domaine royal, mais les produits en nature que produisaient les terres des châteaux royaux. Nous citons quelques données sur les envois faits de la terre de Vincennes en 1381. « Des garnisons du bois de Vincennes, 32 muis 2 sextiers 6 boisseaux de blé, livrez par Jehan Renier, gouverneur d'icelles, despensés en l'ostel le Roy. (*Comptes de l'hôtel des rois aux XIVe-XVe siècles,* publiés par Douet d'Arcq, p. 9.)

« 178 connins (lapins) du boys de Vincennes, despensez ou dit hostel. » (*Ibid.,* p. 11.)

Dans le siècle suivant encore, au temps de Louis XI : « A maistre Olivier Le Daim, var-

<table><tr><td>V.</td><td>4 .</td></tr></table>

let de chambre dudit s^r, pour trois voyages qu'il a fait faire par l'ordonnance dudit s^r durant le mois de decembre & janvier, de la ville de Thouars & autres lieux... jusques aux boys de Vincennes, querir par trois fois certaine quantité de congnins pour ledit s^r». (Douet d'Arcq, ouvr. cit., p. 355.)

Le roi, en effet, avait en 1472 nommé son barbier «concierge» ou gouverneur civil du château; comme tel, maître Olivier avait la haute main sur la ménagerie. L'entretien, à vrai dire, n'en avait jamais été négligé, & déjà, en 1404, les habitants de Nogent & Noisy avaient été exemptés du *droit de prise,* à charge de faucher & voiturer à Vincennes le foin de treize arpents de pré appartenant au roi sur leur territoire, «pour l'avitaillement des daims, dines & autres bestes fauves». Le nouveau *concierge* n'eut qu'à continuer la tradition : nous voyons sous son administration payer un compte «pour la reparation du toit des porcs, pour la construction d'une étable pour les porcs noirs du roy en la conciergerie du bois de Vincennes[1]».

[1] Voir SAUVAL, *Antiquités de Paris,* t. III, p. 427.

Plus tard cet établissement fut rattaché aux *Comptes de la chambre;* ceux de 1677 mentionnent « Jacques Petitmaire, gouverneur des animaux du sérail du château de Vincennes, qui reçoit 5,400 l. par an pour ses gages, la nourriture de ses bêtes & l'entretien de deux garçons[1] ». En 1706 la ménagerie, située près de la porte de Bel-Air à l'entrée du parc, fut transférée à Versailles où elle resta jusqu'à la Révolution, puis au Muséum.

Mais Louis XI prit une autre mesure, & plus significative : c'est avec la nomination de son nouveau gouverneur que coïncida l'affectation définitive [2] du donjon comme prison politique; des comptes de 1472, pour réparations effectuées dans le donjon [3], spécifient pour la première fois la présence de prisonniers de ce genre; & jusqu'à la fin du règne, surtout après la défaite de la Ligue du Bien public,

[1] Voir *Dépenses des menus plaisirs & affaires de la chambre du roy pour l'année 1677,* publ. par Montaiglon. Paris, 1857; 14 pages.

[2] Enguerrand de Marigny y avait déjà été enfermé sous Louis X, & Gui de La Brosse sous Philippe le Hardi : mais c'étaient des cas isolés.

[3] Voir SAUVAL, *Antiquités de Paris,* t. III, p. 414.

4.

les deux compères s'entendirent pour en remplir les cachots aussi bien que ceux de la Bastille. Entre temps, le *concierge* ne répugnait pas à faire aux étrangers de marque les honneurs d'une courtoise hospitalité. En septembre 1480, le légat de La Rovère arriva à Paris pour traiter de la paix, au nom du pape, entre la France & Maximilien. «Le mardi sixiesme jour dudit moys maistre Olivier le Diable dit *le Daim,* barbier du roy, festoya les diz legat, cardinal de Bourbon & moult d'autres gens d'église & nobles hommes tant plantureusement que possible estoit. Et apres disner les mena au bois de Vincennes esbatre & chasser aux dains dedens le parc dudit bois, & après s'en revint chascun en son hostel [1].»

Pendant la première moitié du XVIe siècle, Vincennes fut presque abandonné par la cour qui, sous l'influence de l'art italien, préférait aux sombres & froides murailles du moyen âge Fontainebleau & les châteaux de la Loire. Catherine de Médicis déclara expressément au

[1] Voir la *Chronique de Jean de Roye,* éd. Mandrot, t. II, p. 101.

pape Pie IV[1] que les rois n'allaient plus à
Vincennes aussi souvent qu'autrefois à cause
de son manque de confort. François Ier se borna
à reprendre, nous l'avons dit, les travaux de
la Sainte-Chapelle que Henri II acheva &
inaugura le 15 août 1552; la reine Catherine
elle-même jeta les fondements des deux gros
pavillons royaux sur la façade du sud. Henri III
fit au château de longs séjours durant lesquels
il n'était accessible qu'à ses mignons; son temps
se passait en crapuleuses orgies qui alternaient
avec les plus folles superstitions; le public répétait tout bas qu'il offrait des sacrifices au
diable. En 1588, au temps de la Ligue, les
partisans des Guises tentèrent, à l'instigation
des Seize, d'enlever le roi à la faveur d'une de
ses fréquentes excursions à Vincennes. Ils s'em-
busquèrent à la Roquette pour le surprendre
à son retour; mais le lieutenant du prévôt,
mis au courant, prévint le roi : une escorte
de 500 chevaux alla au-devant de lui sur la
route du château, & le complot échoua. Quelques mois après, le 23 décembre, le Balafré &

---

[1] Dans une lettre de 1564; voir SAUVAL, t. I, p. 677.

son frère le cardinal furent assassinés à Blois :
les Parisiens soulevés allèrent à Vincennes
dévaster l'appartement du roi, & emportèrent
entre autres objets deux cassolettes à parfums
reposant sur des satyres en argent doré qu'ils
prirent pour des engins magiques.

Marie de Médicis poursuivit les travaux
de restauration que Catherine n'avait fait qu'é-
baucher; en août 1610 le petit roi Louis XIII
posa la première pierre du nouveau château,
& l'entreprise continua durant toute la régence
de la reine : quatre ans après, la galerie du
côté qui regarde Paris & le bois était achevée.
Devenu majeur, le roi y ajouta, sur l'emplacement des anciens bâtiments devenus caducs
deux corps de logis pour le roi & la reine
dans la cour méridionale. A l'exemple de ses
prédécesseurs, Louis XIII chassa beaucoup dans
le bois, & fut le premier à y tirer au fusil. Son
adresse à l'arquebuse inspira à un plaisant,
jouant sur le surnom de *Juste* qu'avait reçu le
jeune prince, ce mot «qu'il était juste à tirer
de l'arquebuse».

Le tout-puissant Richelieu fit largement
usage de la prison politique de Vincennes pour

réduire à l'impuissance ses adversaires, & les noms les plus illustres s'y succédèrent. En mai 1626 les princes de Vendôme & le maréchal d'Ornano, ligués sous l'inspiration de la reine mère & du duc d'Orléans, furent enfermés au donjon : Ornano y mourut subitement au bout de six mois, & le grand prieur de Vendôme en 1629; le duc son frère ne sortit qu'au bout de quatre ans de captivité, privé de tous ses gouvernements & bénéfices. En juin 1638, c'est sur un étranger, le fameux Jean de Werth, que les portes de Vincennes se fermèrent, pour peu de temps il est vrai : ce général au service de l'Empereur, dix-huit mois plus tôt, avait si bien jeté l'effroi dans Paris que son nom est longtemps resté dans l'imagination populaire un synonyme d'épouvantail. «Le nonce vint trouver mons^r le cardinal le mesme jour qu'il festinoit Jean de Vert & Equenfort que le roy, après les avoir tirés des mains du duc de Wei-march & mis prisonniers au bois de Vincennes, finalement ce jour-là les avoit mis sur leur foy; & mons^r le cardinal leur voulut faire festin[1].»

[1] *Mémoires de Baßompierre,* édition Chantérac, t. II, p. 266.

En 1643, ce fut un fils de Vendôme, le duc de Beaufort, le *roi des Halles,* qui paya de sa liberté son hostilité à la politique de Mazarin. Il ne sortit de prison qu'au bout de cinq ans, par une audacieuse évasion en plein midi, le jour de la Pentecôte de l'an 1648. «Ce prince entretenoit depuis longtemps une intelligence secrète avec un de ceux qui le gardoient, appelé Vaugrimaut, lequel ayant provision de cordes & d'autres choses necessaires pour son dessein, le jour de la Pentecôte (1ᵉʳ juin), une heure après midi il entra dans la galerie du donjon avec M. de Beaufort qui s'y promenoit tous les jours avec le sieur de La Ramée; & ayant fermé par dedans la porte de la galerie au verrou, il se jeta sur cet officier avec M. de Beaufort; & après l'avoir bien lié & lui avoir mis une poire d'angoisse dans la bouche pour l'empêcher de crier, Vaugrimaut prit les devants sans façon & se coula par une corde dans le fossé, disant à ce prince qu'il étoit juste qu'il se mît le premier hors de danger, puisqu'il y alloit de sa vie... M. de Beaufort descendit après lui dans le fossé, d'où ils furent tirés tous deux aussitôt avec d'autres cordés par des hommes qui les attendoient; & étant monté à cheval, il se rendit lui quatrième dans le pays du Maine.

«La cour fut surprise de cet événement dont on avoit cependant averti le cardinal Mazarin quelques jours auparavant, & qui avoit été prédit par l'abbé de Marivaux & Goiset, avocat qui se mêloit d'astrologie. La chose fut traittée de bagatelle. Cependant l'abbé de Marivaux étoit si persuadé de la certitude de sa prédiction qu'il l'avoit publiée avec toutes ses circonstances; & quelques-uns de ses amis l'ayant rencontré au Cours le jour qu'elle eut son effet, & lui ayant dit tout haut que M. de Beaufort étoit encore à Vincennes, il leur répondit froidement qu'il n'étoit pas encore 4 heures, & qu'il falloit qu'elles fussent passées avant qu'ils eussent le droit de faire des railleries[1].»

D'autres princes du sang ne tardèrent pas à prendre la place ainsi devenue vacante : en janvier 1650, durant les troubles de la Fronde & la Cabale des petits-maîtres, le duc de

[1] *Mémoires de Guy Joly,* éd. Michaud & Poujoulat, p. 8.

Longueville, & Conti, & Condé lui-même. Tandis que le premier se montrait triste & découragé, que Conti ne cessait de pleurer, ne quittant pas le lit & réclamant une *Imitation de J.-C.,* Condé, lui, demandait au gouverneur «une imitation de M. de Beaufort» : demeurant maître de lui, il chantait, jurait & priait Dieu. Durant sa captivité on fit faire dans les jardins qui entouraient le donjon un parterre à allées bien sablées. Le prince, qui y cultivait & arrosait des fleurs, disait à Dalence son médecin : «Aurais-je jamais cru que je serois occupé à arroser des fleurs tandis que ma femme feroit la guerre?» La princesse, en effet, une nièce de Richelieu, détrompa entièrement l'opinion qu'avait d'elle toute sa famille, & témoigna pour la cause de son mari, qui l'avait épousée à contre-cœur & ne lui montrait que de l'aversion, un dévouement & une intelligence que celui-ci n'avait rien fait pour provoquer[1]. D'un caractère jusqu'alors assez effacé, elle alla soulever la Guyenne contre la cour &

[1] Voir à ce sujet les détails captivants d'un ouvrage récent : *La femme du grand Condé,* par HOMBERG & JOUSSELIN. Paris, Plon, 1905.

Mazarin, tandis que la duchesse de Longueville en faisait autant en Normandie, & que
le vicomte de Turenne tentait un coup de
main sur le château même de Vincennes. A
peine le prince fut-il libre que les Parisiens
vinrent avec grand respect visiter sa prison &
voir les fleurs qu'il y avait cultivées.

En décembre 1652, c'est Retz, le génial
intrigant, qui goûta à son tour les amertumes
du donjon : il s'est longuement étendu, dans
ses *Mémoires,* sur son arrestation & sa captivité;
après l'échec d'une première tentative d'évasion, le cardinal fut transféré à Nantes d'où il
s'échappa en se cassant une jambe, pour aller
mourir misérablement à Rome.

Après le rétablissement de l'ordre, la cour
s'établit à Vincennes dont elle aimait le séjour.
Mazarin voulait profiter des loisirs de la paix
pour y exécuter de grands travaux, élever
dans la cour du nord deux nouveaux pavillons faisant pendants à ceux qui déjà regardaient le sud. Le donjon serait ainsi devenu
le dépôt des Archives du royaume. Le bois,
transformé tout entier en parc, aurait été relié
à Paris par le Cours, devenu une large voie

bordée d'habitations seigneuriales : projet séduisant & qui eût reporté vers l'est les beaux quartiers de Paris déjà amorcés par les hôtels de la Place Royale & du Marais; il échoua devant l'entreprise réalisée à Versailles.

Néanmoins les travaux poursuivis au château depuis longtemps étaient terminés, & les décorations de peintres italiens, Romanelli & autres, dans les appartements avaient pris fin. Le parc aussi avait été transformé par le cardinal, à en croire Guill. Bautru, l'un des premiers membres de l'Académie française & bel esprit patenté de cour, qui écrivait au jeune roi : «J'ai laissé le bois de Vincennes plein de perdreaux & de faisandeaux, & le parc si beau pour les grandes pluies qu'il a fait que, si vous aimiez autant les autres bois que les lauriers, vous y seriez dans quinze jours pour prendre tous les divertissements imaginables.»

Quoi qu'en dît Bautru, Louis XIV aimait le séjour de Vincennes; il disait souvent que c'était à la salubrité des bois & des jardins de cette demeure qu'il devait la santé & la vie. Aussi est-ce là que le jeune roi, en arrivant du Midi après son mariage avec l'infante Marie-Thérèse, descendit avec la nouvelle reine avant son entrée à Paris par la porte du Trône, ainsi nommée du trône qui y fut dressé.

« Au commencement de septembre se fit à Paris l'entrée du roi & de la reine qui, en attendant cette célèbre journée, étaient toujours demeurés à Vincennes. Ce fut une belle chose & agréable à voir. La reine était dans un char triomphant; cette princesse était habillée d'une robe noire en broderie d'or & d'argent avec quantité de pierreries. Le roi était suivi d'un grand nombre de princes & des plus grands seigneurs de son royaume. La reine mère vit passer le roi & la reine par un balcon de la rue Saint Antoine [1]. La reine d'Angleterre & la princesse sa fille étaient avec elle [2]. »

A la fin de cette année 1660, Mazarin, dont la santé déjà déclinait, se fit transporter à Vincennes où le roi & la reine mère vinrent le visiter. Pour être, soi-disant, plus près de Vincennes & conférer à l'aise avec Mazarin dans les temps où la cour résidait au château,

[1] Le balcon de l'hôtel de Beauvais.
[2] *Mémoires de M*ᵐᵉ *de Motteville,* éd. Michaud & Poujoulat, p. 499-500.

Fouquet s'était installé dans sa propriété de Saint-Mandé; la réalité était un peu différente. «Il se chargeoit de tout, écrit l'abbé de Choisy, & prétendoit être premier ministre sans perdre un moment de ses plaisirs. Il faisoit semblant de travailler seul dans son cabinet à Saint-Mandé, &, pendant que toute la cour, prévenue de sa future grandeur, étoit dans son antichambre, louant à haute voix le travail infatigable de ce grand homme, il descendoit par un escalier dérobé dans un petit jardin, où des nymphes, que je nommerois bien si je voulois, & des mieux chaussées, lui venoient tenir compagnie au poids de l'or[1].» Ce cabinet dont parle Choisy occupait l'emplacement actuel du pavillon des gardes; le petit jardin, lui, a disparu.

Aux derniers jours de l'hiver de 1661, Mazarin touchait à sa fin; c'est à ce moment que l'un de ses protégés, Cosnac, évêque de Valence, lui rendit une suprême visite. «Un matin, étant venu de Paris à Vincennes pour y

[1] Voir les *Mémoires de Choisy,* publ. par Champollion, p. 573-574.

faire ma cour, on me dit que j'allasse promptement dans la chambre de Son Éminence, & qu'on lui donnoit l'extrême onction. Je trouvai la chambre toute remplie de monde à genoux. M. le cardinal étoit assis dans un fauteuil à côté de son lit. Il m'aperçut, & dès que les prières furent achevées, il cria qu'on me fît approcher. Dès que j'eus fendu la presse, il me dit deux fois de suite, d'un ton fort touchant : «Monsieur de Valence, je vous demande pardon», ayant toujours les yeux fixés sur moi, tandis que je m'approchois pour lui baiser la main... Il fut encore deux jours à combattre le mal; mais personne ne le voyoit que son confesseur & ses plus confidents domestiques. Il mourut véritablement en grand homme, disposant tranquillement de ses affaires, écrivant divers billets en France, en Italie, distribuant à quelques gens de la cour des bijoux de prix, en envoyant même à quelques particuliers dans Rome, ne témoignant aucune crainte basse, n'affectant aucune grandeur de courage; & comme s'il n'eût pas daigné se préparer pour cette dernière action, il la fit de même qu'une autre action de sa vie, c'està-dire comme un vrai sage, qui se regarde mourir comme spectateur [1]. »

Le jour même de la mort de Mazarin (9 mars 1661), Fouquet se rendait de Saint-Mandé à Vincennes quand il rencontra en chemin Loménie de Brienne qui lui apprit la nouvelle. A son arrivée, il trouva le roi déjà en conférence avec les secrétaires d'État Lionne & Letellier, & la froideur de l'accueil ne lui présagea rien de bon.

Arrêté quelques mois après à l'instigation de Colbert alors tout-puissant, le surintendant arriva à Vincennes le 31 décembre. Il aperçut en passant sa maison de Saint-Mandé & ne put s'empêcher d'avouer qu'il aimerait mieux prendre à droite qu'à gauche, mais qu'il n'avait qu'à se résigner. Enfermé dans la première chambre du donjon, il fut autorisé à y garder auprès de lui son médecin Pecquet & son valet de chambre Lavallée. Les meubles garnissant sa chambre & les cabinets attenants furent apportés de Saint-Mandé; drame saisissant dont l'une des causes déterminantes avait été une

[1] *Mémoires de Daniel de Cosnac,* Paris, 1852; t. I, p. 288-289.

idylle qui s'était nouée sur les lieux mêmes où devait éclater la catastrophe : c'est dans le parc de Vincennes que le roi avait remarqué pour la première fois La Vallière, & la rivalité amoureuse, auprès de sa maîtresse, du ministre déjà signalé pour ses prévarications, avait décidé sa perte.

Au commencement de 1663, le prince royal de Danemark fit un voyage en France. Le 22 janvier, le duc de Mazarin, gouverneur du château, vint le prendre à son hôtel à Paris & le conduisit à Vincennes. Après une chasse dans le parc, il lui offrit un dîner somptueux auquel assistèrent nombre de personnes de la cour, & le spectacle d'un combat entre un lion & un taureau à la ménagerie de Bel-Air.

En juin 1680, les ambassadeurs siamois, venant de Melun, séjournèrent au château de Vincennes jusqu'à leur entrée dans Paris. Le troisième ambassadeur, conduit dans une chambre au-dessus de celle qu'occupait le chef de la mission, témoigna à Storf, le gentilhomme chargé par le roi d'accompagner les étrangers durant tout leur séjour, qu'il s'y trouvait fort bien à cause de la vue. Peu après, il apprit que son chef devait loger dans la chambre au-dessous de la sienne; changeant de visage, troublé, il sortit avec précipitation, répondant à toutes les questions : que la lettre de son maître au roi de France, dont le premier ambassadeur était porteur, se trouvant par suite de cette disposition au-dessous de lui, il ne pouvait coucher au-dessus du lieu où elle était gardée. Le lendemain, les Siamois se rendirent à la ménagerie, se promenèrent dans le parc & visitèrent au retour le château : la disposition des appartements, qui étaient doubles, les intéressa vivement. Une foule de gens vinrent les voir de Paris; les avenues étaient encombrées de curieux. Ils reçurent la visite du Père La Chaise qui se proposait de préparer les voies à l'établissement d'une maison de son ordre dans le Siam.

L'achèvement du palais de Versailles porta le coup de mort à Vincennes en tant que résidence royale; Louis XV, qui y avait passé une partie de sa jeunesse & s'en souvenait, fit bien replanter le bois & ordonna, en 1731, un semis de glands d'où sont sortis les chênes actuels : désormais le château était devenu une sorte de décharge royale servant à toute fin. De 1740 à 1745, une fabrique de porcelaine fut installée au rez-de-chaussée du pavillon du roi par le contrôleur des finances Fulvy, alors gouverneur. Les frères Dubois, qui s'étaient approprié les procédés techniques du céramiste Cinquam-Siroux, dans la manufacture de porcelaine tendre que celui-ci avait créée à Chantilly pour le duc Louis de Bourbon, furent chargés de la diriger. Les débuts ne furent pas heureux : incapables & débauchés, les Dubois coûtaient plus qu'ils ne rapportaient ; ils furent écartés. Dès 1745, Fulvy, patronné par la Pompadour, puis par le roi, obtint des résultats tels qu'il se vit conférer le privilège, pour trente ans, de la fabrication d'une porcelaine à pâte tendre pareille au Saxe. Les produits en furent fort appréciés. « Une innovation à la fois gracieuse & inattendue contribua surtout à les faire connaître. Nous voulons parler de ces fleurs délicates, montées sur des tiges de laiton, qui obtinrent alors un succès sans précédent. L'engouement fut tel, que la dauphine Marie-Josèphe de Saxe résolut d'expédier à son père, propriétaire cependant de la manufacture de Meissen, des lustres & des girandoles garnis de cette délicate parure[1]. »

A la mort de Fulvy, en 1751, le roi prit l'établissement sous sa protection immédiate sous le titre de *manufacture royale*. Les « porcelaines de France » furent marquées du chiffre royal ⚭, deux L entrelacées, accompagnées d'une lettre de l'alphabet changeant chaque année comme date. Dès 1754, la grande Catherine de Russie commanda un service à imitation de camées antiques, chef-d'œuvre unique auquel travaillèrent toutes les illustrations de la céramique française; il atteignait, il est vrai, le prix élevé de 360,000 francs qu'elle ne paya pas sans un peu d'humeur.

Le développement des affaires & la prospérité croissante de la maison en nécessitèrent, en 1756, le transfert à Sèvres, dans le nouveau bâtiment que les fermiers généraux venaient de lui élever sur l'emplacement d'une ancienne maison de campagne de Lulli.

Entre temps la manufacture de porcelaines voisinait avec les cellules du donjon & les pri-

[1] H. HAVARD, *La Céramique.*

sonniers politiques. En 1746, Fréron le critique
y passa six semaines pour une imprudente
plaisanterie sur la Pompadour qui avait accordé une pension peu méritée à l'abbé de
Bernis; en 1749, Diderot, qui avait déjà fixé
l'attention publique par les *Pensées philosophiques*
& sa *Lettre sur les aveugles,* y fut à son tour enfermé pour trois mois. Déjà le scandale était
grand : un mot, piquant pour le ministre
d'Argenson, sur les beaux yeux de son amie,
Mme Dupré de Saint-Maur, fit déborder la
coupe. Mis d'abord au secret le plus rigoureux,
le philosophe n'avait pour se distraire qu'un
petit volume de Milton dont il couvrit les
marges d'annotations tracées à l'aide d'un cure-
dents trempé dans une mixture de vin & d'ardoise pilée. Puis les libraires & imprimeurs
attachés à la publication de l'*Encyclopédie,* dont
le prisonnier était un collaborateur, poursuivirent sa libération & l'obtinrent vers les premiers jours de novembre. Pendant sa captivité
il avait éprouvé la bienveillance du gouverneur, le marquis Du Châtelet, qui lui adoucit
les rigueurs de la prison, le laissant libre de se
promener dans le parc, de recevoir des visites,

notamment celle de Rousseau, l'invitant même
à sa table.

En décembre 1748, le donjon vit arriver
le prétendant anglais Charles-Édouard Stuart,
petit-fils de Jacques II, que le traité d'Aix-la-
Chapelle obligeait le gouvernement français
à expulser du royaume, & qui s'obstinait à y
rester. Il fut arrêté : l'événement fit grand bruit
& produisit un scandale fâcheux pour la politique de Louis XV. «Enfin le prince Édouard
a été arrêté hier, entrant à l'Opéra[1]... Il est des-
cendu de son carrosse au cul-de-sac de l'Opéra;
on a, à l'instant, fermé la barrière sur lui. Un
sergent aux gardes déguisé l'a saisi par derrière
& lui a pris les deux bras; il a voulu tirer son
épée, mais on l'en a empêché. On l'a mené,
par le fond du cul-de-sac, à une porte cochère
d'où l'on va dans la cour des cuisines du Palais-Royal; là un carrosse à six chevaux l'attendait pour le mener à Vincennes. M. le duc de
Biron s'est trouvé dès la seconde cour où il a
passé pour l'accompagner partout, & jusqu'à

[1] C'était l'ancienne salle de théâtre privée du Palais-
Royal, à l'entrée de la rue de Valois.

Vincennes où je crois qu'il lui tiendra compagnie & répondra de sa personne. Ce prince restera-t-il à Vincennes jusqu'à ce qu'il ait reçu nouvelles de son père qui est à Rome ? On le traitera sans doute en prince à Vincennes; il sera dans le château où rien ne lui manquera; mais on craint qu'il n'attente à sa vie.

«Mais, oh! comble d'horreur, voici ce que je n'ai appris qu'en dînant. L'ordre a été de *garrotter* ce prince par les jambes & par les bras, & on l'a exécuté; Vaudreuil, major des gardes, prétend avoir fait ce qu'il pouvait pour interpréter l'ordre de ce garrottement, s'il ne trouvait pas que cela fût absolument nécessaire; mais l'ordre a été absolu & sans permettre de réplique. Ç'a été avec des cordons de soie qui étaient préparés dans la poche des sergents aux gardes.

«Il est arrivé ainsi à Vincennes; on lui avait préparé un bel appartement, non au donjon, mais dans le palais du roi. On lui a offert un grand souper & un bon lit; il s'est couché sur le lit tout habillé, il a refusé tout service, il a dit qu'il avait appris assez longtemps à se servir lui-même de valet de chambre, qu'il demanderait à souper quand il aurait faim, mais qu'il ne l'avait certainement pas pour le présent.

« … Le prince Édouard a dit en chemin aux officiers qui l'ont arrêté : « Vous pouvez faire «ce qu'il vous plaira; vous ne me déshonorerez «pas; mais vous vous déshonorez, vous & votre «nation.» Un sergent aux gardes montra hier dans une maison le cordon de soie avec lequel il avait lié les mains & les jambes du prince… L'on redoutait le peuple de Paris qui, véritablement, était pour le prince Édouard; on a craint, dit-on, un soulèvement; c'est pour cela que presque tout le régiment des gardes était commandé, & en habits bourgeois.

« … Le prince est toujours enfermé dans la tour où il couche; il est vrai qu'il va passer la journée dans les appartements du roi; mais on le ramène pour coucher dans la chambre du donjon. Ce prince se montre, à Vincennes, homme de courage, il y devient gai comme on dit qu'était le grand Condé dans la même prison de Vincennes où il jouait au volant. Il plaisanta avec les officiers aux gardes qui le gardent jour & nuit; il a demandé qu'on ne les relevât pas; il leur demande des nouvelles de l'Opéra, & comment a chanté Jeliotte[1]. »

En 1751, tandis que Gabriel bâtissait à Paris l'École militaire, les jeunes élèves, au nombre de cinq cents, fils de gentilshommes sans fortune, furent installés à Vincennes jusqu'en juillet 1756, date de leur retour à Paris. « On suit toujours l'exécution de l'hôtel de l'École militaire. Le terrain est désigné au niveau de l'Hôtel des Invalides, & comme il faut du temps pour une pareille entreprise, on disait qu'on commencerait par recevoir des jeunes gens, tous fils de ceux qui ont été tués dans la dernière guerre, & qu'on les logerait, en attendant, dans le château de Vincennes[2]. »

En 1777, ce fut au tour de Mirabeau de tâter du donjon : à la suite de l'enlèvement de la marquise de Monnier qu'il avait emmenée de Pontarlier en Hollande, Mirabeau fut arrêté dans ce pays & livré au gouvernement français. Durant trois ans & demi qu'il passa à Vin-

----

[1] *Journal & Mémoires d'Argenson,* éd. Rathery, t. V, p. 308-309, 312-313, 315, 317-318.
[2] Juin 1751. *Journal de Barbier,* éd. Villegille, t. III, p. 263.

cennes, il demanda à un travail assidu sa seule distraction, écrivant divers ouvrages qui décidèrent de sa vocation de publiciste. En décembre 1780, son père, le marquis, s'entremit en sa faveur sur la promesse de reprendre sa femme « & d'en tirer progéniture », pour empêcher le nom & la race de s'éteindre.

Le marquis de Sade, l'auteur de *Justine,* y fut enfermé en 1769, à vingt-deux ans. En septembre 1764, on y transférait Latude, repris après s'être évadé de la Bastille à l'aide de sa fameuse échelle de corde; ce prisonnier célèbre était détenu depuis 1749 pour avoir dénoncé à la marquise de Pompadour un complot imaginaire contre sa vie. « Le 23 novembre 1765, il se promenait sur les quatre heures du soir; tout à coup il s'élève un brouillard épais : l'idée qu'il pouvait favoriser sa fuite se présente sur-le-champ à son esprit. Comment se délivrer de ses gardiens? Il en avait deux à ses côtés avec un sergent qui ne le quittait pas. Il s'adresse au sergent & lui demande comment il trouve ce temps-là. « Il me paraît fort mau- « vais, Monsieur », répond le sergent. Latude reprend à l'instant : « Et moi je le trouve excel-

«lent pour m'échapper». En disant ces mots, il écarte les deux sentinelles, pousse le sergent, & vole avec la rapidité de l'éclair. On entend crier de tous côtés : Arrête! arrête! il crie lui-même plus fort que les autres : Arrête, au voleur! arrête!... Il ne reste qu'une sentinelle, le soldat lui barre le chemin. Latude ralentit sa course, s'élance sur son fusil, le lui arrache des mains avec tant de violence que le mouvement le fait tomber à terre, saute par-dessus le corps de cette sentinelle, & Latude est libre[1].» Repris & jeté dans un cachot plus rigoureux du même château, il n'en sortit qu'en 1775 & fut transféré à Charenton «pour cause de dérangement de tête».

Avec l'année 1784, le donjon perdit définitivement le caractère de prison d'État qu'il avait gardé depuis Louis XI, & le château, celui d'habitation royale : la garde, supprimée, fit place à un simple concierge chargé d'ouvrir & de fermer les portes : quant aux prisonniers, ils furent ramenés à la Bastille. Cette innovation, il est permis d'en rapporter le mérite, pour une

[1] NOUGARET, *Histoire du donjon de Vincennes*, t. III, p. 144-147.

bonne part, à Mirabeau, dont le mémoire sur les *Lettres de cachet* & les abus de la vieille geôle contribua à éclairer le ministre Breteuil.

La Révolution de 1789 la menaça un instant dans son existence. La populace du faubourg Saint-Antoine, mise en goût par la démolition de la Bastille, brûla du désir de montrer le même civisme à Vincennes, & dans la journée du 28 février 1791 s'y porta en foule sous la conduite de Santerre : vitraux de Jean Cousin, sculptures en bois de la chaire, du rétable, des stalles, tout fut mutilé, égaré ou détruit dans la Sainte-Chapelle. Prévenu par la municipalité locale de ce qui se passait, Lafayette accourut avec des troupes, & constata que déjà les mutins avaient commencé à détruire la partie supérieure du donjon : il en saisit une soixantaine tandis que les autres se dispersaient, & les ramena sous bonne garde à Paris.

CHAPITRE III.

LE CHÂTEAU DE MADRID
ET L'ABBAYE ROYALE DE LONGCHAMPS.

La région parisienne, nous le savons déjà, était couverte anciennement d'une vaste forêt dont le bois de Rouvray ne constituait qu'une faible partie : dépassant en étendue, encore à l'époque romaine, le moderne *Bois de Boulogne* qui n'en est que le dernier reste, il atteignait à peu près des points correspondant au pont de Billancourt au sud, au pont de Suresnes à l'ouest, à l'île Saint-Denis & Clichy à l'est. Comme toute forêt qui se respecte, il avait ses bêtes sauvages & ses brigands qui ne l'étaient pas moins : le buffle, le bison, le sanglier, le loup, l'auroch offraient aux rois des deux premières races un ample aliment à leur goût pour les exercices violents. Dans une étroite clairière s'éleva de bonne heure, sous le nom de *Nimio* à l'époque mérovingienne, plus tard des *Menulz-lez-Saint-Cloud,* dont nous trouvons la première trace dans une charte de 1114,

un hameau, grossière agglomération de huttes
de bûcherons. Dans cette première partie du
moyen âge où les pèlerinages jouissaient de
toute leur vogue, l'église Notre-Dame de Boulogne-sur-Mer, dont la statue de la Vierge avait
une grande réputation de miracles, était à cet
égard l'une des plus courues. Des Parisiens, de
retour de cette excursion dévote, alors longue
& périlleuse, songèrent à épargner à leurs imi-
tateurs la même peine, en bâtissant beaucoup
plus près une église « à la semblance de celle
qui est sur la mer à Boulogne ». C'est sur le
territoire des Menuls, entre Saint-Cloud &
Paris, sur la Seine & à la lisière du bois de
Rouvray, que les frères Girard & Jean de la
Croix offrirent un terrain dont la distance pa-
rut suffisante pour figurer en petit le grand
pèlerinage. Autorisée par une ordonnance
de Philippe le Long en février 1320, l'église
s'éleva, & la confrérie des pèlerins de Notre-
Dame de Boulogne-sur-Mer y établit son siège.
Érigée en paroisse en 1343 sous le vocable
de Notre-Dame de Boulogne-sur-Seine, elle
donna son nom au village, puis à la forêt
de Rouvray, à la partie du moins qui était

domaine royal, & comme telle fut enclose de murs en 1545.

Ce site fut bientôt fort connu des Parisiens, & non pas seulement des coureurs de pèlerinages. En 1418, « vray fut que les gens de l'ostel du roy allèrent comme accoustumé est, au bois de Boulogne pour apporter du may pour l'ostel du roy[1] ». En 1429, un cordelier, prédicateur populaire très renommé pour sa rude éloquence, le frère Richard «prescha à Boulogne la petite, & là ot tant de peuple, & pour vray celle journée au revenir dudit sermon furent les gens de Paris tellement tournez en devocion & esmeus, qu'en moins de trois heures ou de quatre eussiez veus plus de cent feus, en quoy les hommes ardoient tables & tabliers, dés, cartes, billes & billars, mirelis & toutes choses à quoy on se pouvoit courcer à maugréer à jeux convoiteux. Item, les femmes, cellui jour & lendemain ardoient devant tous les attours de leurs testes comme bourreaux, truffeaux, pieces de cuir ou de baleine qu'elles mettoient en leurs chapperons pour estre plus

---

[1] *Journal d'un clerc de Paris,* éd. par D. Godefroy.

roides ou rebras devant, les damoiselles laisserent leurs cornes & leurs queues & grant foison de leurs pompes[1] ».

Louis XI, qui donna à la forêt de Rouvray le nom de « bois du village de Boulogne », commença à y tracer quelques routes pour en faciliter le passage : c'est à dater de ce jour que le bois devint définitivement un centre d'ébattement & de plaisir pour les citadins. Ceux-ci, nous pouvons l'ajouter tout de suite, avaient un autre but d'excursion en s'y rendant : l'abbaye de Longchamps, fondée en 1260 par Isabelle, sœur de saint Louis. Aux siècles suivants, l'intérêt royal continua à se porter sur cette maison qui resta longtemps en vogue extraordinaire : nous nous expliquons ainsi le choix de François Ier qui, de retour de sa captivité à Madrid, jeta les yeux sur la forêt de Rouvray pour y créer un rendez-vous de chasse plus voisin de Paris & du Louvre que Saint-Germain; ce fut de plus une sorte de garçonnière royale abritant derrière ses murs discrets, de règne en règne, les amours de nos souverains.

[1] *Journal d'un bourgeois de Paris sous le règne de Charles VII,* année 1429.

Cette destinée fut à peu près celle de toutes les demeures royales. Dès lors l'histoire du Bois de Boulogne ne cessa plus de se confondre avec celle de ses châteaux.

François Ier avait tous les goûts d'un esprit singulièrement cultivé : il se livra ainsi au royal plaisir des constructions magnifiques; mais, ne trouvant pas dans la fermeté de sa raison d'obstacles à l'entraînement des entreprises, il se lança tête baissée dans les dépenses comme dans les troupes ennemies, sans calculer assez les moyens de retraite. En même temps qu'il renversait le vieux Louvre pour la création grandiose de Pierre Lescot, il élevait Chambord & Fontainebleau, & le château du Bois de Boulogne, bijou aux mille couleurs dans un nid de verdure.

Jérôme Della Robia, l'architecte chargé de sa construction, appartenait à cette illustre lignée d'artistes qui, depuis un siècle, remplissaient l'Italie des productions de leur ciseau. Luca, le premier en date de la famille, avait commencé dès la première moitié du xve siècle par exécuter de petits sujets en marbre dans la cathédrale de Florence. Un siècle avant Palissy

il cultiva avec distinction la céramique, & exécuta, soit seul, soit avec son neveu André,
pour l'église de San Miniato & pour le por-
tique de l'hôpital des Innocents, des figures
d'*Enfants* en terre cuite émaillée, l'une de ses
œuvres les plus considérables.

Jérôme, fils d'André & celui qui nous
occupe ici, continua, en les développant, les
traditions de la famille. Arrivé en France vers
la fin de 1527, il servit durant quarante ans
quatre rois de la maison de Valois, & ne cessa
de travailler qu'en 1565.

En élevant au-dessus de la rive droite de la
Seine, à la lisière d'un grand bois, une maison
de plaisance, le roi avait une excellente occasion de rompre avec la vieille tradition qui
faisait de tous ses châteaux comme de sombres
forteresses. Della Robbia projeta de faire en
France quelque chose de nouveau par l'ori-
ginalité & l'élégance coquette, mais en même
temps de si hardi, de si risqué, qu'il fallait un
Della Robbia pour l'imaginer & un François Ier
pour le tenter. C'est Jérôme qui appliqua l'ex-
tension de la sculpture émaillée en couleur à
l'architecture, non plus seulement par médail-

lons ou cadres isolés sur des surfaces planes,
mais par un ensemble de décoration né de la
conception même de l'édifice, formant en un
mot une architecture polychrome proprement
dite, dont la richesse se prodiguait du soubas-
sement au sommet des cheminées : le château
du Bois de Boulogne devenait ainsi une pierrerie étincelante au milieu du sombre feuillage
de la forêt.

Dès le 1ᵉʳ août 1528, le roi ordonna, en
même temps que les travaux de Fontainebleau,
« l'autre en son bois de Boullongne près Paris,
esquels lieux icelluy seigneur estant délibéré
quelquefois se retirer pour le plaisir de la chasse
·& lesquels ediffices il veut estre faits selon &
ainsi qu'il a devisé & donné à entendre...», en
recommandant de les pousser activement. Un
an après, on était déjà sorti des fondements, on
songeait à l'ornementation, & le roi, en septembre, se fit mener « par eaue à Seuresne veoir
illec des médailles que ledict seigneur faict faire
pour son bastiment dudit Boullongne[1] ».

Les payements à compte se succédèrent en

---

[1] Arch. nat., *Comptes des menus plaisirs,* vol. 100.

1532 & 1533; le 2 décembre 1537, une somme
de 54,288 l. 17 s. 7 d. fut remise « à Gratian
François & Jherosme de la Robie, maistres
maçons dudit bastiment de Boullongne, pour
avoir parfait tous les ouvrages de maçonne-
rie audit lieu de Boullongne »; plus loin &
spécialement, 3,572 livres « à Jherosme de la
Robie, sculpteur & emailleur de terre cuite
pour tous les ouvrages par luy faicts d'esmail
& autres certaines pieces de terre cuitte audit
bastiment de Boullongne » (8 avril 1538).

Du 1er janvier 1538 au 30 septembre 1550,
« Gratian François & Jherosme de la Robie,
maistres maçons », touchèrent encore près
de 12,000 livres, & « Jherosme de la Robie,
esmailleur de terre cuitte & sculpteur pour
le roy au chasteau de Boullongne, pour les
ouvrages de terre cuitte, recuitte & esmaillée
faicts au bastiment de Boullongne lez Paris »,
12,786 livres.

Dès 1540, le roi put habiter une partie de
son château de plaisance qu'entourait, à portée
d'une chasse excellente, un fort beau parc dis-
posé en quinconce régulier & descendant en
pente douce vers la rivière; un labyrinthe à la

mode italienne le terminait du côté du sud. Un grand mur d'enceinte, enfin, garantissait le maître bien moins contre les ennemis que contre les importuns : pour lui, Madrid avait avant tout la destination d'un rendez-vous galant, où il recevait la duchesse d'Étampes & la Belle Ferronnière[1]. Entourée d'un fossé de 16 mètres de largeur sur 4 mètres de profondeur, la nouvelle demeure figurait un rectangle, flanqué de pavillons, de 78 mètres de longueur sur 37 mètres de largeur, dont la façade principale était tournée au sud, vers Saint-Cloud. Comportant quatre étages, dont deux avec galeries à l'italienne, elle était revêtue sur trois côtés d'ornements en relief de faïence polychrome qui couvraient les murs & jusqu'aux cheminées. Le peuple parisien, ébloui par cette décoration dont il voyait pour la première fois un spécimen, ne parla plus que du « château de faïence »; le roi, jusqu'en 1560, n'employa d'autre terme que celui de « château du Bois de Boulogne »; à ce moment, l'appel-

---

[1] « Une cour sans femmes, disait-il, est une année sans printemps & un printemps sans roses. »

lation de « Boulogne, dit *Madric* ou *Madril* »,
commença à paraître dans les comptes, les
plans d'Androuet Du Cerceau, les correspon-
dances privées. D'où venait-elle ?

Au xviiiᵉ siècle, un voyageur étranger, re-
latant ce qu'il a vu à Paris, s'exprime ainsi :
« Le château de Madrit... est remarquable
entre autres pour le tour que François Iᵉʳ joua
à l'empereur Charles V : celui-ci l'ayant remis
en liberté sur sa parole d'honneur qu'en cas
qu'il ne pût satisfaire aux conditions de son
relâchement dans le terme fixé, il retourneroit
à Madrit dans son ancienne prison, le roi ne
fut pas plus tôt de retour en France, qu'il bâtit,
en 1530, cette maison sur le modèle de celle
de Madrit, en Espagne, & lui donna ce nom.
L'ouvrage étant fait, il s'y rendit au terme
arrêté, pensant avoir ainsi exécuté sa promesse, mais il n'eut garde de retourner à l'autre
Madrit, en Espagne. A l'occasion de ce fait,
je laisse raisonner les moralistes & les politiques
sur la validité de ces réservations mentales[1]. »

[1] Voir NEMEITZ, *Séjour de Paris ou Instructions fidèles pour
les voyageurs de condition*, Leyde, 1727.

Méfions-nous de l'explication que ne confirme aucun témoignage contemporain : le trait, au reste assez médiocre, ne trahit que l'aigreur d'une vieille prévention nationale.

Au siècle précédent, Bassompierre dit : «Cette maison s'appelle aussi Boulogne, mais les courtisans du temps du roi François, qui s'y retiroit souvent en particulier, pour témoigner que l'on ne voyoit pas le roy, disoient qu'il estoit à Madrid [1]. »

Au XVIᵉ siècle, enfin, le *Journal d'un bourgeois de Paris sous le règne de François Iᵉʳ* [2], ainsi un contemporain, s'exprime en ces termes : « En l'an 1528, le roy commença à faire bastir & edifier un chasteau & lieu de plaisance auprès du bois de Boullongne & du couvent des religieuses de Longchamp qui est quasi sur la rivière de Seine, entre ladicte religion de Longchamp & le pont de Nully, & le nomma le roy Madril, parce qu'il estoit semblable à celuy d'Espaigne, auquel le roy avoit esté par longtemps prisonnier. » Cette explication est celle qui

---

[1] Voir ses *Remarques*, etc. Paris, 1665, p. 146.
[2] Éd. Lalanne, p. 329-330.

paraît se rapprocher le plus de la vérité, à condition qu'on lui attribue une portée extensive
que son auteur lui-même ne semble pas avoir
soupçonnée. Il affirme la ressemblance des
deux châteaux, non pas *de visu* : ils n'étaient pas
encore sortis de terre, mais d'après les bavar-
dages anticipés de la cour. On y assurait que
le château de Boulogne ressemblerait à celui
de Madrid par son ornementation de faïence
émaillée en couleur ; là-dessus, le *Bourgeois* s'en
va répétant qu'il est « semblable à celuy d'Espaigne ».

En fait, au moment où François Ier accepta
le projet d'un château décoré de sculptures en
faïence émaillée de couleur, l'architecture polychrome, d'origine romane & arabe, était plus
répandue en Espagne qu'en tout autre pays,
& il n'est pas croyable que le roi ait vu un
projet conçu dans ce goût sans se rappeler ce
qu'il avait vu à Madrid & dans tout le pays.
Le lieu où le nouveau château s'élevait n'avait
pas de nom, ou simplement celui du bois environnant, qui pouvait aisément être remplacé
par un autre. Le sobriquet de *Madrid,* né peut-
être d'une saillie jetée à l'étourdi, fit à la

dérobée son chemin, sans qu'aucune ressemblance réelle de plan ait jamais existé entre l'ancien château de la capitale espagnole, élevé au XIVe siècle dans le style gothico-mauresque du temps, & le nouveau de la banlieue parisienne, bâti en 1528 par un Italien dans le style élégant de la Renaissance; aucune, si ce n'est l'application des *azulejos* que rappelaient à François Ier les faïences émaillées de Jérôme Della Robbia.

C'est Henri II, apparemment, qui mit la dernière main au château de Madrid : en plusieurs parties des décorations on retrouvait les chiffres du roi & de Diane de Poitiers entrelacés ⊟, & celui de la reine Catherine. Mais Jérôme Della Robbia, tout en continuant à travailler, voyait son œuvre entravée désormais par Philibert Delorme, le futur architecte des Tuileries, qui, sans égard pour la faveur du feu roi, désapprouvait ces ouvrages en terre émaillée. Chargé, grâce à la protection de la toute-puissante favorite, de surveiller « plusieurs ouvriers & artisans... tant à Fontainebleau, Saint Germain en Laye, la Muette dudit lieu de Boullongne les Paris, Villiers-

Cotterets », il avait sous ses ordres Della Robbia & Gratien François.

L'entente ne pouvait subsister longtemps
entre les deux artistes; l'émailleur italien n'était
plus qu'un comparse : découragé, il se retira
& retourna dans son pays. Delorme avait donc
les coudées franches : sans supprimer absolument l'application des terres émaillées, & sans
doute pour sauvegarder l'unité décorative du
château, il se borna à en restreindre l'emploi.
Il fit appel aux meilleurs spécialistes de Limoges, dont les émaux incrustés avaient depuis le moyen âge une si légitime réputation.
Trois d'entre eux, les Courteys, sur lesquels
nous n'avons, du reste, que peu de renseigne-
ments, produisirent des œuvres remarquables.
C'est l'aîné, Pierre, l'un des meilleurs élèves
de Léonard Limosin, qui exécuta pour la façade septentrionale[1] plusieurs grandes plaques
émaillées sur cuivre, dont neuf se trouvent aujourd'hui au musée de Cluny. Repoussées au
marteau en relief coloré sur fond bleu, elles

---

[1] Philibert Delorme venait d'en terminer les deux
étages supérieurs.

montrent dans le dessin & le coloris des exagérations qui choquent vues de près, mais devaient disparaître dans l'effet d'ensemble & s'harmoniser avec le reste de la décoration polychrome. Exécutées à Limoges sous la signature *Pierre Courteys 1559,* ces pièces portent des sujets emblématiques.

Juſtitia. La Justice, tenant sa balance d'une main, son glaive de l'autre.

Prudentia. La Prudence, un serpent enroulé autour du bras droit, tient son miroir de la main gauche.

Caritas. La Charité, portant un enfant sur le bras gauche, en tient un autre de la main droite.

Saturnus. Saturne dévorant un de ses enfants.

Jupiter. Jupiter sur des nuages, prêt à lancer sa foudre, un aigle à ses pieds.

Sol. Apollon conduisant un char.

Mars. Un guerrier.

Hercules. Hercule fièrement appuyé sur sa massue.

Mercurius. Mercure jouant de deux chalumeaux.

La suite complète, il est probable, était plus

nombreuse, & quelques dieux ou déesses ont sans doute été égarés.

Quant au bois lui-même, Della Robbia avait arrêté, pour régulariser son enceinte, un plan que réalisa Henri II : entouré de murs, il sembla avoir perdu quelque chose de son étendue & de sa magnificence, mais l'ancienne sauvagerie fit place à un entretien plus soigné de ses cultures. La clôture, partant de Boulogne, longeait Auteuil & rejoignait Neuilly, puis la Seine, laissant en dehors le château de Madrid.

A l'avènement de François II, Delorme, à son tour, fut remplacé par Le Primatice & Jean Bullant, qui déterminèrent le rappel de Jérôme. C'est à lui que revient tout le mérite de la conception du plan & de son exécution : il put encore jouir du succès de son œuvre, qui était achevée en 1567, à sa mort. Philibert Delorme, qui n'y eut pas grande part, avait, soit par jalousie ou par manque de clairvoyance, arrêté l'essor de l'artiste : il en fut assez puni en voyant, dans ses derniers jours (1568), le château terminé & étincelant au soleil par les soins de Della Robbia, suivant le plan initial.

Androuet Ducerceau nous en a laissé, tel qu'il existait de son temps, une description capitale[1] qui témoigne de son admiration pour l'art de l'émailleur italien. «La masse est fort esclattante à la veue, comme vous pouvez veoir par les desseins & élévations que je vous en ay desseignez : d'autant qu'il n'est pas jusques aux cheminées & lucarnes qui ne soient toutes remplies d'œuvre.» A une époque plus récente, l'architecte Vaudoyer, qui, bien que contemporain de la Révolution, n'avait pas vu en personne le château, mais avait conservé dans toute leur précision les déclarations de ceux qui l'avaient vu avant sa démolition en 1793, pouvait écrire en 1837 : «Tous les artistes contemporains qui ont vu la décoration du château assurent qu'elle était très agréable, que les émaux qui étaient distribués avec autant de sagesse que d'harmonie y produisaient un effet merveilleux. Quand le soleil éclairait ces façades, les saillies de ces brillants ornements de couleurs variées se détachaient sur des fonds

---

[1] *Des plus excellens baftimens de France,* Paris, 1576 ; t. I, p. 4.

rouges, verts, violets, azurés par des reflets &
par des ombres très prononcés. Ces façades
produisaient à la vue un charme harmonieux,
gracieux, inconnu jusqu'alors & qui convenait
parfaitement à l'édifice noble & galant dont
François Ier avait ordonné l'exécution avec ce
nouveau genre de décoration [1]. »

Charles IX suivit les traditions de la famille :
il y fit l'amour. Comme Henri II y avait eu
des tête-à-tête avec Diane de Poitiers, il y
installa, lui, Marie Touchet, la maîtresse très
aimée, gracieuse & spirituelle qui lui donna
Charles de Valois, le comte d'Angoulême ; &
Louise de Rouet de La Béraudière, la belle
Rouet, une fille d'honneur de la reine mère,
qui accoucha également d'un fils, plus tard
évêque de Périgueux. C'est au milieu de ces
passe-temps frivoles qu'il trouva le loisir d'écrire
son livre *De la chaſse royale,* « ce beau livre de la
chasse & de la vénerie, dit Brantôme, dans lequel il y a des advis & secretz que jamais ve-
neur n'a sceu ni peu attaindre [2] ». Le jeune roi

[1] Note manuscrite lue à l'Académie des beaux-arts
en 1837.
[2] Voir son discours *Sur le roy Charles IXe.*

aimait ce séjour & y venait fréquemment. «Il me souvient qu'après la seconde guerre civile & durant la petite paix, le roy Charles vint à estre mallade à Madrid. Un jour, après qu'il eust disné, il commanda à tout le monde de se retirer, puis commanda à messieurs d'Estrozze[1] & Brissac de demeurer; à M. d'Estrozze il luy fit donner un luth par Losman, jeune homme chantre de sa chambre & très bon joueur de luth, & dist audiɛt M. d'Estrozze qu'il en jouast, car c'estoit le seigneur & gentilhomme de France qui en jouoit des mieux; & puis commanda à M. de Brissac de danser soubz luy, qui n'y faillit point, car ce prince sur tout vouloit estre fort obéy; si bien que l'un & l'autre ne faillirent de jouer & de danser, & principallement la gaillarde & les canaries[2] qui pour lors avoient grand vogue. Le roy y prit son plaisir, & à tel speɛtacle &

[1] Phil. Strozzi, de la famille florentine de ce nom, un des plus vaillants capitaines de son temps, passé au service de France.

[2] «En ceste danse des Canaries, on s'approche & on se recule les uns des autres en faisant plusieurs passages gaillards, étranges & bizarres, qui représentent des sauvages.» (*Diɛtion. de Trévoux*, t. II, v° «Canaries».)

à telle ouye assez longtemps, & puis il dist à aucuns que nous estions là : «Voylà comme «apres que j'ay tiré du service de mes deux «couronnelz à la guerre, j'en tire mon plaisir «à la paix[1]. »

Henri III aima ce séjour non moins que son frère, mais en y apportant d'autres appétits. Il y vint avec ses mignons & y entretint des bêtes sauvages qu'il faisait combattre contre des taureaux. Une nuit, nous apprend le *Journal de l'Estoile,* il rêva que ces animaux se jetaient sur lui pour le dévorer, & il fit abattre à coups d'arquebuse «les lions, ours & semblables bestes qu'il vouloit nourrir pour combattre avec les dogues», remplaçant dès lors ses fauves par de petits chiens. Il projeta encore de faire de Madrid le siège de l'ordre du Saint-Esprit, en perçant à cet effet, à travers le Bois de Boulogne replanté d'ifs & de cyprès, six larges voies bordées de mausolées à la mémoire des chevaliers qui viendraient à mourir. «Dans cent ans, disait-il, ce sera une prome-

---

[1] BRANTÔME, *Œuvres complètes,* édit. Lalanne, t. VI, p. 141-142.

nade bien amusante, il y aura au moins cent tombeaux.»

Aux XVIe & XVIIe siècles, sous l'inspiration d'un faux point d'honneur importé d'Italie & d'Espagne, le duel avait pris dans les mœurs une place excessive : on se battait, pour un oui, pour un non, un peu partout, à Vincennes, dans les rues, à la Place Royale, au Pré aux Clercs; il faillit même y avoir une rencontre au Bois entre Henri de Guise (le Balafré) & ce Bussy d'Amboise, dont l'héroïque bravoure, la galanterie & la fin tragique ont fait une sorte de type légendaire, si largement exploité par A. Dumas dans *La Dame de Monsoreau.* «M. de Guise, le dernier mort & tué à Bloys, l'année que le roy Henry III tourna de Pouloigne, lequel estant allé à la chasse un jour au bois de Madric avec toute sa cour (j'y estois), avoit quelque chose à demander à M. de Bussy qui venoit lors du siège de Lusignan, où il avoit esté fort blessé en très vaillamment combattant selon sa coustume. Ainsi que la chose se faisoit, M. de Guise prend M. de Bussy à part & estant bien escarté dans le bois, il luy demanda la parole

qu'il luy vouloit demander, & pour laquelle il
l'avoit apellé; mais M. de Bussy l'en satisfit
si honnestement que M. de Guise eut occasion
de s'en contenter & luy dire : «M. de Bussy,
«je me contente, vous jurant que si vous ne
«l'eussiez faict, nous nous fussions bien battus
«en ceste place où vous voyez comme je vous
«y ai amené en gallant homme, m'estant dé-
«pouillé de ma principauté & des grades que
«j'ay sur vous.» A quoy M. de Bussy, qui
n'avoit point faute jamais de responces, & surtout en ces choses de combats, luy respondict :
«Monsieur, je suis fort aise que vous soyez
«content de moy, vous priant de croire que ce
«que j'en ay dict n'a esté nullement par crainte,
«car Bussy n'en eust jamais; mais quand nous
«fussions venus là, avant qu'aller à vous, je me
«fusse jetté en terre en signe d'humilité que je
«vous dois, & le bras nud & la teste nue je fusse
«allé à vous pour m'essayer à vous faire courir
«aussi grande fortune comme vous me l'eussiez
«faicte courir.» [1]

Henry IV rendit au château sa destination

----

[1] BRANTÔME, ouvr. cit., p. 468-469.

amoureuse à laquelle ses prédécesseurs l'avaient trouvé le plus favorable en y logeant sa Gabrielle & autres dames de même emploi, telles que Catherine de Verdun, une religieuse enlevée au couvent de Longchamps. Puis il obtint son divorce, & bien aise de se débarrasser de la reine Margot, il lui fit don du château de Madrid comme prix de son consentement. Voluptueuse autant que dévote, la princesse fit de sa nouvelle demeure le théâtre de fredaines fort peu orthodoxes, dont elle allait très régulièrement faire pénitence à l'abbaye voisine. C'est pour faciliter les communications entre les deux maisons qu'elle ouvrit l'avenue qui a gardé son nom.

Dès cette époque, semble-t-il, le roi, bien qu'ayant aliéné la propriété de la maison, songea un instant à y établir l'exploitation industrielle du tissage de la soie qui devait, un peu plus tard, y être réalisée sur une plus large base. Le mécanicien anglais Lee, inventeur du métier à tisser les bas, avait trouvé d'abord peu d'encouragements dans son pays; il se tourna vers la France, & sur les promesses de Sully, alla en compagnie de quelques ouvriers expé-

7.

rimentés s'établir à Rouen. La croissante prospérité de la nouvelle industrie porta apparemment Henri IV à la rapprocher de sa personne.
La princesse divorcée, tout en réservant ses
droits de propriété, se prêtait de la meilleure
grâce du monde à cette transaction, tant par
égard pour le roi que dans l'intérêt du petit
dauphin, auquel elle se proposait de léguer
ses biens, & elle s'empressa d'assurer son ancien
époux, avec lequel elle était restée en excellents
termes, de toute sa bonne volonté.

19 mai 1600.

«Monseigneur, j'ay su… qu'entre ses bons
menages elle a desiré faire un menage de soies
en ma maison de Boulongne; & parce que
l'on m'a averti que le sieur Balbani, à qui
Vostre Majesté en avoit donné la charge, l'avoit
intremis (interrompu), ayant su que la maison
estoit à moy, j'en ay esté très marrie, n'esti-
mant & mes maisons & tout ce qui est mien
pouvoir servir à plus digne office, ni qui me
soit plus agréable que ce qui est du plaisir de
Vostre Majesté. Honorez-moy donc tant, monseigneur, d'en disposer à vostre volonté & de

croire que le changement de condition ne changera jamais en moy ce devoir & cette voulonté [1]. »

12 mai 1605.

« Je supplie Vostre Majesté très humblement d'avoir agréable, à cette heure que ma maison de Boulongne n'est plus nécessaire aux feseurs de soie, qu'elle me soit remise, l'air de cette demeure m'estant plus sain que celuy de Villers-Cottret, lequel, monseigneur, comme tout ce qui est à moy est à Vostre Majesté, & luy sera plus propre pour la chasse. S'il luy plaist donc me la faire remettre, je la feray meubler & accommoder, & m'y rendray, Dieu aydant, avant que le mois de septembre passe [2]. »

17 mai 1606.

« Il y a deux jours je passai à Boulongne où j'ai trouvé un si grand desgast du bois qu'ont fait les enfans de la gruyère, comme vous dira Rodele, que si elle y estoit encore trois mois, je crois qu'il n'y auroit plus de bois. Je

---

[1] Bibl. nat., *Collect. Dupuy*, t. 217, f° 63.
[2] *Ibid.*, f° 89.

desire conserver & embellir cette maison pour mons^r le Dauphin; j'aurois extresme regret de la voir ainsy ruiner, qui me faiçt très humblement supplier Vostre Majesté d'avoir agreable que je l'en oste. J'ai donné l'estat de gruier[1] à un honneste homme; il tiendra la casine meublée & propre, & la porte ouverte quand il plaira à Vostre Majesté d'y aller, ne voulant avoir chose qui ne soit pour servir à Vostre Majesté[2]. »

La mort de Henri IV interrompit brusquement l'entreprise; Lee, venu à Paris pour en défendre les intérêts, y mourut, & ses ouvriers découragés retournèrent en Angleterre avec leurs métiers.

A sa mort, la reine Marguerite légua le château de Madrid au jeune roi Louis XIII, qu'elle avait, de son vivant, invité plusieurs fois en cette demeure, sans le moindre embarras. Le *Journal d'Héroard*[3], médecin de

---

[1] Officier qui exerçait une juridiction sur les eaux & forêts.

[2] Bibl. nat., *Collect. Dupuy*, t. 217, f° 99.

[3] Publié par Soulier & Barthélemy; 2 vol., Paris, 1868.

Louis XIII, qui, de 1601 à 1628, ne cessa jamais de noter les moindres faits & gestes du prince, nous relate ses visites & ses chasses à Madrid; de son temps les loups, les lièvres, les corneilles étaient encore assez nombreux pour l'y attirer souvent.

Le 25 (mars 1609), mercredi. Mené au parc de Madrid, il a goûté à l'entrée chez le concierge, puis il est mené en l'abbaye de Longchamps.

Le 3 (avril), vendredi. Mené vers la Muette, à la rencontre du roi qui était à la chasse.

Le 20 (novembre), vendredi. Mené en carrosse jusques au Roule, il monte à cheval & va courir un loup en la garenne de Madrid.

Le 14 (janvier 1610), jeudi. Il entre en carrosse, est mené par le Roule au parc de Madrid, y est monté sur sa petite haquenée baie, court deux lièvres. La pluie & la grêle surviennent, il se prend à galoper pour gagner le château; il change de chemise; l'orage passé, il remonte à cheval; goûté à cheval d'une petite tarte de massepain & de deux marrons qu'il tire de sa pochette.

Le 4 (mai), mardi. Il va à cheval à la chasse au parc de Madrid.

Le 15 (juillet), jeudi. Mené en carrosse à Madrid, à la chasse au lièvre & à l'oiseau.

Le 23 (décembre), jeudi. Mené en carrosse au bois de Madrid, il y est monté à cheval, chasse deux loups, vole [1] une corneille, est ramené en carrosse.

Le 19 (janvier 1618), vendredi. Il va à Madrid visiter tout le logement du château, le fait lui-même marquer pour y aller loger, revient chez la reine.

Le 23, mardi. Entre en carrosse & va à Madrid pour y loger; ce fut la première fois.

Le 25, jeudi. Il prend un émerillon sur le poing & va à pied dans le bois, vers la Muette, revient tout à l'entour de la muraille du parc, va chez la reine.

Le 29, lundi. (A Madrid) il tient un conseil où il donne congé aux notables qu'il avait mandés pour l'assemblée tenue à Rouen.

Le mercredi 31. Il va visiter la volerie [2] de Long-champs.

Les visites intermittentes du roi n'empê-chèrent pas Madrid de tomber, après la mort de la reine Margot, dans un certain abandon que la présence d'un gouverneur-gardien ne suffisait pas à animer. « Le 7 avril 1644, la reine donna au roi le divertissement de voir

[1] Chasse à l'oiseau.

[2] Dépôt des oiseaux de proie entretenus pour la chasse, & que le duc de Luynes, favori du roi, excellait à dresser.

l'exercice que fit le régiment des gardes vers le Bois de Boulogne [1]. »

« Le roi alla le 4 se divertir à la chasse au Bois de Boulogne, S. M. témoignant une grande inclination pour ce royal exercice [2]. »

Sous la Fronde, la régente fit enfermer au château le conseiller Broussel & ses compagnons qu'il fallut bientôt relâcher sous la pression des menaces populaires.

Le *Journal de voyage de deux jeunes Hollandais* nous raconte le séjour dans notre ville des deux frères de Villers, de 1656 à 1658. Cet ouvrage, qui s'étend beaucoup sur Paris, sa topographie, ses mœurs, s'exprime ainsi sur le Bois de Boulogne : « Nous passasmes outre par Chaillot & le Bois de Boulogne qui est assez grand & planté de chesnes; il a esté renommé parce que c'estoit le lieu ordinaire où la noblesse se battoit en duel; il y est fort propre, ayant quantité de recoins & d'endroiĉts escartés. Nous mismes pied à terre au grand carrefour, au milieu duquel on voit une croix érigée de

[1] *Gazette de France* pour l'année 1644, p. 244.
[2] *Ibid.*, sept. 1648.

pierre de taille, & nous nous pourmenasmes jusques à Madrit, qui est ce chasteau royal qui y fust basti par le roy François I, sur le modèle de celui où il fut prisonnier à Madrit... Il est tout à fait abandonné, & c'est dommage, car c'estoit un fort bel ouvrage; il semble estre faiét de marqueterie, y ayant en plusieurs endroits des quarreaux & du plastre vernissé & relevé en bosse; mais estant exposé à l'injure du temps, le vent & la pluye gastent tout & font tout tomber... [1]. »

Le gouvernement naissant de Louis XIV, sous l'inspiration éclairée de Colbert, songea à relever l'industrie perdue du tissage de la soie; l'opération, cette fois, était moins aisée. L'Angleterre avait appris à apprécier les produits jadis dédaignés, & en prohibait jalousement l'exportation. Chargé d'une mission par le grand ministre, le mécanicien Hindret réussit à surprendre sur place le secret de la fabrication, & revint fonder au château de Madrid une manufacture qui passe pour être le berceau de la fabrication française des tissus à

[1] Paris, 1900, p. 109-110.

mailles[1]. C'est dans les salles décorées jadis par Philibert Delorme & le Primatice, où avaient devisé & fait l'amour François Ier, Henri II & Diane de Poitiers, Charles IX & Marie Touchet, que furent travaillés les premiers bas unis, chinés, tigrés, à fleurs. « Suivant le commandement de monseigneur, écrivait à Colbert, le 3 juin 1666, le gouverneur du château, Pecquot, j'ay formé une compagnie pour la manufacture de Madrit, & l'ay jointe avec le sieur Indret & ses enfants. Cette compaignie est compozée, si Mgr l'aggrée, ainsy : du sieur Indret, premier entrepreneur, etc. lesquelz se propozent de faire un fondz de 300,000 l. & plus s'il est necessaire, pour faire travailler & establir dans un an 200 mestiers aux lieux que Mgr ordonnera, & de rompre le commerce d'Angleterre. Ilz sont d'accord de tous leurs faitz, excepté de quelque désinteressement que demande le sieur Indret... Je rendray compte plus particulier de cette affaire à Mgr de vive voix, & luy diray seulement par

[1] C'est à ce moment même, en 1665, que l'archevêque de Paris, Retz, bâtit tout près de Madrid une maison de campagne qui devait plus tard s'appeler Saint-James.

avance que, de toutes les manufactures du temps, celle-cy sera soustenue avec le plus de solidité, d'esclat & de succez, si je ne me trompe & si Mgr la protège [1]. »

Cette fabrique, avec tout son succès, ne fut pas exempte de quelque désordre; qu'on en juge par une lettre du roi au gouverneur du château, en date de Saint-Germain, le 31 août 1670 : « Les interessez dans la manuffacture des bas de soye establie dans mon chasteau de Madrid me sont venus faire leurs plaintes de ce que quelques ouvriers de ladite manuffacture, se prévalant du respect qu'ils sont persuadez que les officiers de justice ont pour nos maisons, se portent à beaucoup d'insolences & désordres dans l'espérance d'impunité; & comme il est important pour le bien de cette manuffacture que j'affectionne, d'establir la paix entre les ouvriers, & de corriger ceux qui s'esloigneront de leur devoir, je désire qu'aussitôt que vous aurez reçeu cette lettre, vous donniez tous les ordres nécessaires, & mettiez

____

[1] Collect. des docum. inéd. *Correspondance administr. sous le règne de Louis XIV*, t. III, p. 788-789.

les choses en estat que les officiers de justice puissent, avec toute liberté & seurté, entrer dans mondit chasteau de Madrid, & faire les autres fonctions de leurs charges toutes les fois que les intéressez en ladite manufacture les en requerront[1]. »

Le Bois de Boulogne a aussi des souvenirs qui dépassent le niveau des simples épisodes & se rattachent à la grande politique & aux conspirations internationales. Louis XIV, qui avait commencé par prendre chaleureusement fait & cause pour Jacques II détrôné, mettant à sa disposition, puis à celle de son fils, le prétendant Jacques-Édouard, diverses expéditions également infructueuses, avait fini par conclure le traité d'Utrecht qui lui liait les mains à cet égard. Le chevalier de Saint-George ne trouva plus alors à la cour de Versailles le même appui, & le Régent se montra tout aussi évasif. En 1715, Bolingbroke, l'homme d'État versatile, le philosophe allié en Angleterre aux Encyclopédistes, était pour l'instant chargé à

---

[1] Collect. des docum. inéd., *Correspondance administr. sous le règne de Louis XIV,* t. III, p. 788-789, note.

Paris des intérêts du prétendant réfugié en Lorraine, intriguant & conspirant avec la foule des Jacobites qui s'agitaient autour de lui. «La grande roue de la machine, dit-il [1], était une certaine Olivre Trant qui habitait dans une petite maison du Bois de Boulogne, près de Madrid. Elle avait rendu des services au Régent, ramené d'Angleterre une jeune personne que Bolingbroke n'avait pas connue, sans doute fort jolie, & fait ainsi sa cour.» Le duc d'Ormond, chassé d'Angleterre & dépouillé de ses biens par la nouvelle dynastie dont il avait été un des meilleurs soutiens, s'était rallié au chevalier de Saint-George & était un des habitués de la maison mystérieuse : en vue des affaires ou des plaisirs? Pour les unes & les autres, pensait Bolingbroke. La Trant, assistée d'une demoiselle de Chanssery, ancienne fille d'honneur de Madame, & de plusieurs intrigants obscurs, formait avec eux «la Junte du Bois de Boulogne», en négociations réglées avec le duc d'Orléans & les Highlanders écossais pour la préparation

---

[1] Voir ses *Mémoires secrets sur les affaires d'Angleterre*, trad. par FAVIER. Paris, 1754, 3 vol.; 2ᵉ part., p. 30.

d'une descente en Angleterre. Elle reçut aussi Bolingbroke & remit à ce grand seigneur, qui avait été ministre des affaires étrangères & signataire du traité d'Utrecht, & était encore l'un des chefs du mouvement philosophique de son temps, un billet du Régent adressé au comte de Mar qui plus tard donna le signal de l'insurrection écossaise; c'est ce billet qui décida de l'expédition du chevalier de Saint-George. Avant son départ, le prétendant passa quelque temps à Chaillot caché dans une maison qui appartenait à Lauzun, le fameux Lauzun; il s'y enivrait en mauvaise compagnie tandis que ses partisans sacrifiaient pour sa cause leurs biens, leur liberté & leur vie. Lord Stairs, l'ambassadeur dont Saint-Simon [1] nous dépeint la hardiesse & la décision, apprit le lieu de sa retraite & réclama son arrestation. Mais le Régent était résolu à ne pas intervenir dans cette aventure, & la police, bien munie d'instructions, ne réussit pas à découvrir le fugitif. Après l'issue malheureuse de l'expédition, le Régent, excédé par les intrigues compro-

[1] Édit. Chéruel, t. XIII, p. 282-295.

mettantes de la Trant, la désavoua en reprochant à Bolingbroke de s'être fié à elle. A son retour, la cour pressa le chevalier de regagner la Lorraine, ne voulant pas assumer la responsabilité de son séjour en France, & l'audience qu'il demanda au Régent lui fut refusée. Il annonça alors à Bolingbroke son départ, mais au lieu de cela il alla encore se cacher quelque temps dans la petite maison du Bois de Boulogne, auprès de ses *ministres femelles,* y voyant des ambassadeurs tels que ceux de Suède & d'Espagne, mais brouillé avec Bolingbroke.

Au temps de la Régence, où nous sommes arrivés, c'est Fleuriau d'Armenonville qui fut gouverneur du château de Madrid; à ce titre il y habita un pavillon & a laissé son nom à une allée voisine. De temps à autre, le petit roi venait y chasser, comme un siècle plus tôt son aïeul Louis XIII. « M. le prince de Conti, qui a un équipage magnifique composé de 80 chevaux & 150 chiens, proposa au roi de lui donner une chasse au Bois de Boulogne; cela fut exécuté hier mardi 15 par une très grosse chaleur. Pour n'être point embarrassé par le peuple de Paris & par les carrosses, les portes du Bois ont été saisies à 4 heures du matin par les gardes du corps, avec défense de laisser entrer qui que ce soit.

« Au moyen de la petite maison que j'ai dans la cour du château de Madrid, moi & ceux qui y ont des logements, nous n'avons pas été compris dans les défenses. Nous y avons été coucher la veille, & l'on nous a même donné permission, pour les dames, d'aller en carrosse au rendez-vous de chasse, qui était à 2 heures après-midi, à la Croix de Mortemart. Le roi était dans sa calèche avec M. le duc de Charost, son ci-devant gouverneur. Quatre calèches de M. le prince de Conti remplies de femmes, Mlle de La Roche-Guyon, à cheval avec quelques autres, Mlle de Charolais, M. le duc de Chartres, M. le Duc & tous les jeunes seigneurs de la cour suivaient la chasse.

« Au moyen de la fermeture des portes, il n'y avait dans le bois que les carrosses de la cour de Madrid, lesquels ne couraient point, & pas vingt personnes d'inutiles en honnêtes gens. On a lancé le cerf du côté de Madrid; la chasse a été très mal pendant près de quatre heures, les chiens ont pris plusieurs défauts, & le cerf les a menés dans tous les coins du Bois. Au milieu de la chasse, le roi a fait une collation dans sa calèche pendant une bonne heure; le prince de Conti avait fait dresser des rafraîchissements considérables, en viande, pour tout le monde, à la Croix de Mortemart.

« On a relancé plusieurs fois, & l'on désespérait de la réussite, lorsqu'en me promenant tout doucement avec deux personnes du côté de la mare aux biches, j'ai vu le cerf venir droit à nous. Il était assez fatigué & s'est jeté dans la mare, n'étant suivi ni des chiens, ni des piqueurs, ni de qui que ce fût de la chasse. A la fin, il est arrivé un piqueur qui, sur notre rapport, est allé chercher la chasse, & en moins d'un quart d'heure le roi ainsi que toute la chasse sont arrivés jusques à nous. On a remis de nouveaux chiens encore plus juste sur la voie; & après une demi-heure le cerf a été forcé contre les murs, entre la porte de Longchamps & la terrasse de Madrid; de sorte que, sans chevaux, nous avons vu tout le beau de la chasse.

'« Le roi est retourné à Meudon, le prince de Conti donnait un gros souper à Clichy; M. d'Armenonville, garde des sceaux & capitaine des chasses du Bois de Boulogne, avait deux tables de vingt couverts dans le château de Madrid. Le roi reste toujours à Meudon & fait très souvent des parties de chasse dans le Bois de Boulogne; c'est son plaisir [1]. »

Mlle de Charolais, petite-fille du grand Condé, & sa sœur Mlle de Clermont habitèrent le château, probablement jusque vers 1753, y favorisant les rendez-vous galants de Louis XV : ce dernier, pour échapper aux indiscrétions, se rendait souvent de la Muette à Madrid par une grande route allant tout droit d'une maison à l'autre; on fermait alors la route par des barrières.

Vers 1750, un ancien officier des gardes du corps du comte de Clermont, Leroi, s'était retiré dans une jolie maison de campagne du faubourg Saint-Antoine pour se livrer à l'élevage, alors assez nouveau encore, des perdrix rouges & des faisans dorés & argentés. Son

[1] *Journal de Barbier,* éd. Villegille, t. I; juin 1723.

8.

habileté à vaincre les difficultés techniques lui fit bientôt une grande réputation : les étrangers de distinction se faisaient un plaisir de visiter son établissement. Le comte de Clermont y alla, & raconta à la cour ce qu'il avait vu. Là-dessus, le prince de Soubise, gouverneur des châteaux de Madrid & de la Muette, capitaine des chasses du Bois de Boulogne, se rendit compte par lui-même des procédés employés pour acclimater le faisan doré de la Chine, alors si rare en France. Il fit au roi un rapport si élogieux que Louis XV désira créer une faisanderie pareille aux Menuls-lez-Saint-Cloud, à la porte du Bois de Boulogne, pour peupler celui-ci de perdrix rouges & de faisans. Très heureux au faubourg Saint-Antoine & ne demandant qu'à y rester, Leroi ne montra pas grand empressement à accepter cette charge avec le poste de portier du Bois. Passionné pour la chasse, Louis XV se montra, lui, plus impatient : à la fin de 1771, Soubise convoqua Leroi, discuta la question avec lui & lui concéda tous les bâtiments élevés ou à élever des deux côtés de la porte, les enclos pour les couvées, les parcs pour les jeunes oiseaux; de la porte

de Boulogne à celle de Longchamps un terrain
de 25 arpents y fut consacré.

A l'approche du printemps de 1773, Leroi,
après de longues tergiversations, alla s'installer
aux Menus, &, par son expérience & son zèle,
neutralisa tous les inconvénients de son nouveau séjour : la première ponte de cette année
dépassa même toutes les espérances. Louis XV,
il est vrai, ne profita guère de sa nouvelle
faisanderie; il mourut dès l'année suivante.
Louis XVI témoigna à l'établissement le même
intérêt que son prédécesseur; obligé, par l'épi-
démie qui le chassait de Choisy, de se réfugier
à la Muette, il profita du voisinage pour visiter
la maison des Menuls. Encouragé par la satisfaction du roi, Leroi arriva à peupler de
perdrix & de faisans le Bois de Boulogne,
& jusqu'aux plaines voisines & aux hauteurs
de Saint-Cloud; dans le cours d'une chasse
en 1783, le roi en tua plus de cent dans cette
région. A la Révolution, nous perdons sa trace;
ce qui est hors de doute, c'est que ses faisans
n'en ont pas laissé plus que lui sur son ancien
terrain.

Nous savons déjà que l'on se battait au Bois

de Boulogne comme en maint autre endroit
à Paris; l'usage des duels se poursuivit au
xviiie siècle comme dans les siècles précédents.
Entre plusieurs autres, il nous suffira d'en rappeler deux.

Un tableau du peintre Ém. Bayard, exposé
au Salon de 1884 sous le titre d'*Une affaire
d'honneur*, représentait deux jeunes femmes, le
corps nu jusqu'à la ceinture, & croisant l'épée.
Ce n'était pas, comme on eût pu le croire, le
fruit d'une fantaisie d'artiste, mais le souvenir
d'un épisode très authentique qui remonte
aux premières années du règne de Louis XV.
En août 1721, un noble ruiné par la banque-
route de Law, l'ex-garde du corps de Chassé
finit par se faire comédien. Sa belle voix & le
mérite de son jeu d'une part, l'agrément de ses
manières de l'autre, le rendirent célèbre & surtout le bienvenu, *malgré lui,* auprès des femmes.
Deux d'entre elles, une jeune Française & une
jeune Polonaise, trahirent leur jalousie & résolurent de se le disputer l'épée au poing, au Bois
de Boulogne. A peine sur le terrain, la Française fut blessée; pour la guérir, on ne trouva
rien de mieux à faire que de l'enfermer dans

un couvent; la Polonaise fut expulsée. « Pendant le brouhaha que causa cette aventure, Chassé demeura chez lui, étendu sur une chaise longue, comme une femme sensible qui a eu le malheur de voir deux de ses adorateurs se battre pour elle. Il recevait ainsi les visites de ceux qui venaient le complimenter. Le roi lui envoya dire par le duc de Richelieu de cesser ce manège. « Veuillez dire à Sa Majesté, répliqua Chassé, que ce n'est pas ma faute, mais celle de la Providence qui m'a créé l'homme le plus aimable du royaume. — Faquin, fit le duc, apprenez que vous ne venez qu'en troisième; le roi passe avant vous, & moi après le roi [1]. »

Plus d'un demi-siècle après, un autre duel mit aux prises le comte d'Artois & le duc de Bourbon [2]. « L'anecdote concernant Mme la duchesse de Bourbon & M. le comte d'Artois fait tant de bruit qu'on ne peut se refuser à la

[1] *Mémoires de Mme Du Barry,* Paris, 1829; t. IV, p. 42.
[2] Plus tard prince de Condé, devenu le chef de l'émigration & mort en 1830 dans des conditions mystérieuses. D'abord très amoureux de sa femme qu'il avait, à peine âgée de quinze ans, épousée en 1770, bien qu'elle eût six ans de plus que lui, il avait bientôt glissé à la froideur.

croire. C'est au bal du mardi-gras à l'Opéra que s'est passée l'aventure. Il faut savoir avant qu'une jeune madame de Canillac, très jolie personne attachée à Mme la duchesse de Bourbon, avait plu au prince; que la princesse indignée témoigna son mécontentement à Mme de Canillac, ce qui obligea celle-ci à se retirer. Depuis, elle a plu au comte d'Artois qui se détourna de la duchesse de Bourbon, & ce prince, masqué, lui donnait la main au bal. Elle fit connaître la duchesse de Bourbon à Son Altesse Royale qui, la tête un peu chaude de vin, à ce qu'on assure, lui dit : « Je vais «vous venger », & effectivement entreprit le masque qui conduisait la princesse; c'était précisément le beau-frère de Mme de Canillac. Il supposa que sa dame était une fille de la plus basse espèce & se lâcha en conséquence en propos outrageants. La duchesse furieuse, ne sachant absolument à qui elle avait affaire, voulut le voir en levant la barbe du masque du comte. Celui-ci, bouillant de colère, prit le masque de la comtesse à deux mains & le lui brisa sur le visage. Elle avait reconnu l'Altesse Royale, &, croyant ne pas l'être, avait jugé de la prudence de laisser tomber cela. Malheureusement le comte d'Artois s'en est vanté; alors les princes ont été demander satisfaction au roi de l'insulte. Sa Majesté a répondu que son frère était un étourdi, mais il n'a fait encore aucune réparation, ce qui désole la maison. Deux jours après, dans un souper, la duchesse déclara, en rapportant cet incident, que le comte d'Artois était le plus insolent des hommes, & qu'elle avait été sur le point d'appeler la police pour le faire arrêter. Le propos se répandit, & le public, qui déjà n'aimait pas la famille royale, prit parti contre le comte d'Artois.

« Le roi, craignant les suites de la vengeance que respirait la maison de Condé, avait ordonné au chevalier de Crussol, un des capitaines des gardes du comte d'Artois, de ne pas le quitter. Ce prince a enfin consenti à faire à Mme la duchesse de Bourbon une réparation convenable en déclarant qu'il n'avait jamais eu l'intention de l'insulter, & qu'il ne la connaissait point au bal. Cette satisfaction a eu lieu hier à Versailles, en présence de toute la famille royale & des princes du sang.

« La scène de réconciliation ne pouvait avoir lieu à l'égard du duc de Bourbon ; ce prince, dans l'entrevue à Versailles, par un geste d'appel a fait connaître formellement son mécontentement au comte d'Artois. Le dimanche ce prince a fait savoir au duc de Bourbon qu'il se promènerait le lundi matin au Bois de Boulogne, près de la porte des Princes. Le dernier s'y est rendu dès 8 heures, mais le premier n'y est arrivé qu'à 10. Dès que M. le comte d'Artois l'a vu, il a sauté à terre &, allant droit à lui, il lui a dit en souriant : « Monsieur, le public prétend que nous « nous cherchons ». — M. le duc de Bourbon a répondu, en ôtant son chapeau : « Monsieur, « je suis ici pour recevoir vos ordres. — Pour « exécuter les vôtres, il faut que vous me per- « mettiez d'aller jusqu'à ma voiture. » Ils se sont écartés, & seuls ils ont commencé un combat en chemise dont beaucoup de gens ont été témoins. Il a duré 6 minutes, & cependant avec tant d'égalité & d'adresse sans doute, qu'il n'y a pas eu une goutte de sang répandue. Alors le chevalier de Crussol est intervenu, & leur a ordonné de la part du Roi de se sé-

parer. « Ce n'est pas à moi à avoir un avis, a
« repris le comte d'Artois, c'est à M. le duc
« de Bourbon à dire ce qu'il veut; je suis
« ici à ses ordres. » — Monsieur, a répliqué
« M. le duc de Bourbon, je suis pénétré de
« reconnaissance de vos bontés, & je n'oublie-
« rai jamais l'honneur que vous m'avez fait. »
M. le comte d'Artois, ayant ouvert ses bras,
a couru l'embrasser & tout a été dit. Pendant
le combat, on avait fermé les portes du Bois de
Boulogne, mais il était déjà rempli de monde.
Le duc de Chartres (frère de la duchesse de
Bourbon) était occupé à tracer un emplacement
dans la plaine des Sablons pour une course
lorsqu'on le lui a appris [1]. »

En 1788, la situation politique s'assombris-
sait, & l'on parlait d'économies; un édit royal
ordonna de vendre ou démolir les châteaux de
la Muette, Madrid, Vincennes & Blois; l'exécution en fut cependant différée. La Révolution, peu clémente au château du Bois de
Boulogne, se hâta de réparer le retard de la

[1] Bachaumont, *Mémoires secrets*, t. XI, 14-17 mars 1778;
complétés par les *Mémoires de Besenval*, Paris, 1821, t. II,
p. 50 et suiv.

monarchie; en 1792 & 1793, le château de Madrid, qui avait coûté 7 millions, & le parc attenant furent vendus en adjudication publique aux entrepreneurs Borne & Leroy pour la somme de 200,000 francs. Les acquéreurs dépecèrent & vendirent au détail tous les matériaux, plomb, marbres, belles boiseries sculptées des appartements; le meilleur passa à l'étranger; les faïences émaillées de Della Robbia furent cédées à vil prix, il faut bien l'avouer, à un entrepreneur de pavage qui les jeta sous le pilon & les convertit en ciment. Restaient les épaisses murailles : la solidité de la construction & la dureté du mortier en opposaient les plus grandes difficultés à la démolition; on tenta de calciner les blocs par le feu; rien n'y fit, & il fallut se résigner à recourir à la pioche pour en venir à bout. Le morcellement final du terrain ne laissa subsister du château qu'un nom.

Nous avons donné plus haut une mention fugitive à l'abbaye de Longchamps dont le site voisin détermina en son temps le choix de François Ier pour l'emplacement du nouveau château de Madrid. Bien des faits historiques, en effet, il importe de le répéter, & des plus intéressants, se sont déroulés dans ce Bois de Boulogne où l'observateur superficiel n'aperçoit que le théâtre des menus faits quotidiens de la vie élégante & frivole, aussitôt emportés par le vent qu'éclos; l'histoire, qui fait son profit des moindres choses, a le devoir de les recueillir. A ce titre, la maison plus ou moins religieuse qui tint une place, & non des moindres, dans l'histoire des mœurs privées de notre capitale durant la période qui précéda la Révolution, a le droit d'être remise en lumière & signalée à l'attention oublieuse de nos contemporains.

Longchamps fut fondé par une sœur de saint Louis, Isabelle. Résolue à quelque fondation pieuse, la princesse consulta Hémeric, chancelier de l'église de Paris, sur la forme à lui donner : hôpital ou couvent? L'homme d'église opina pour un couvent que le roi décida en 1255 de fonder dans la forêt de Rouvray; dès l'année suivante il en posa la première pierre, & quatre ans après, en juin 1260, les premières religieuses, des Clarisses de l'ordre de Saint-François, y entrèrent. Le roi continua

jusqu'à la fin sa protection au nouveau monastère. « Il fist l'abbaïe des Cordelières de Saint-
Clou, que sa suer madame Ysabiaus fonda par
son otroi... & lour donna grans rentes pour
elles vivre[1] »; & en 1270, à la veille de son départ pour la dernière croisade, « il fut à Longchamps, entra dans le chapitre & demanda
à genoux les prières des religieuses[2] ».

La royale fondatrice, sans prendre elle-
même l'habit, passa dans la maison la fin de
sa vie; morte en 1269 *en odeur de sainteté,* elle
fut placée dans une châsse & exposée à la
vénération publique; ce n'est pourtant qu'au
XVIe siècle, en 1517, que se répandit pour la
première fois la réputation miraculeuse de ses
reliques : elle guérissait, dit-on, les malades,
rendait aux boiteux, aux aveugles l'usage de
leurs organes. Le légat Adr. de Boissy chargea
le doyen de Bougival, Ant. Balenier, d'une
enquête, & après avoir établi l'authenticité des

---

[1] JOINVILLE, édit. de la Société de l'histoire de France,
p. 249 & 257.
[2] LENAIN DE TILLEMONT, *Vie de saint Louis,* éd. de
Gaulle, t. V, p. 133; d'après le ms. de la Bibl. nat.,
2013 *bis* du Supplément français.

miracles, il en informa le pape qui prononça la canonisation en 1521. De là l'origine des pèlerinages de Longchamps.

Tout, d'abord, y marcha à souhait, & la mémoire des deux fondateurs prêta assez de prestige à la maison pour que sa règle fût offerte par Nicolas IV en modèle aux Cordelières du faubourg Saint-Marceau qui venaient de s'établir sous la protection de la reine Marguerite. Une fille de saint Louis, Blanche de France, veuve de l'infant Ferdinand, chassée de Castille par son beau-frère Sanche, vint en 1275 chercher un refuge à Longchamps où elle s'éteignit en 1320 dans la tristesse & l'oubli. En 1313, Philippe le Long présenta comme novice à l'abbaye sa fille Blanche, âgée seulement de cinq ans. Lui-même, après divers séjours en 1319 & 1321, y mourut au commencement de 1322. Puis le sort de ce couvent fut celui de tous les autres, ou peu s'en faut : devenu par les libéralités successives des rois & de la noblesse fort riche, enorgueilli par l'entrée au nombre de ses religieuses de personnes de marque, il se corrompit, la discipline & les mœurs se relâchèrent dès la fin du XIVe siècle.

Soustraite à l'autorité du roi comme à l'obédience épiscopale, la maison ne relevait que
du pape, & son abbesse défendait ses droits
avec une âpreté qui suscita plus d'un conflit.
A l'origine, le roi & la reine seuls ou un cardinal pouvaient entrer avec une escorte d'honneur; le supérieur général de l'ordre lui-même
ne pouvait y amener plus de deux personnes.
Encore au xvᵉ siècle le général des Franciscains
prétendit exercer une inspection de la maison;
mal reçu par l'abbesse, il réclama la déposi-
tion de celle-ci, ne l'obtint pas & dut céder.
Louis XIV lui-même, en 1676, dut s'incliner
devant le séculaire privilège : ayant voulu faire
nommer une abbesse de son choix, il se heurta
à la résistance des religieuses & n'insista pas.

Les nobles seules étaient admises parmi les
religieuses *de chœur*. La règle, œuvre de la fondatrice, était sévère, & il fallait une résolution
singulièrement trempée pour l'observer : con-
fession & communion, jeûne & maigre étaient
fréquents, & le silence de rigueur, sauf en de
rares occasions. Les grilles étaient faites de bar-
reaux très épais, & le parloir toujours surveillé
par deux *écouteuses*. Au dortoir, les religieuses

n'avaient que des paillasses, & l'abbesse de son lit devait les avoir toujours sous les yeux; au xve siècle les paillasses furent remplacées par des matelas, & le dortoir par des cellules particulières.

Outre de vastes terres dans les villages voisins, Longchamps possédait une grande partie du Bois dont il tirait son combustible, y entretenait le bétail nécessaire à sa subsistance, une ferme & un moulin. Henri IV, puis Louis XIV rachetèrent successivement les divers droits d'usage.

L'église renfermait un certain nombre d'œuvres d'art : d'abord le mausolée du comte de Dreux, Jean II, grand chambrier de France († 1309), statue en marbre blanc sur un sarcophage de marbre noir; puis des tableaux : une *Assomption,* une *Annonciation,* une *Adoration des bergers,* le *Sacrifice d'Abraham, Sainte Anne enseignant la lecture à la Vierge,* les *Saintes Femmes près du corps du Christ,* une *Descente de Croix,* un *Saint Bruno;* presque toutes ces œuvres d'art disparurent au cours des guerres de religion. Plus tard vint s'y adjoindre un tableau de Philippe de Champagne, où le grand artiste du xviie siècle représentait la fondatrice à genoux en costume religieux offrant à la Vierge le plan de sa maison : ce dernier disparut en 1791. Seules quatre statues de vierges gothiques du xive siècle furent sauvées par Lenoir & recueillies dans son Musée des monuments français.

Durant les préliminaires du traité de Brétigny (mai 1360), le jeune régent était serré de près par les Anglais dans sa capitale : les religieuses, craignant le pillage & les violences de l'ennemi, vinrent se réfugier à Paris, abandonnant leur maison aux déprédations des soldats. A son retour vers la fin de l'année, l'abbesse dut y exécuter maintes réparations, & celles-ci se poursuivirent durant les trois siècles suivants : plus d'une fois le manque d'argent en rendit le payement fort malaisé, & il fallut recourir à des emprunts; une fois même, au xive siècle, vendre des reliques. C'est l'histoire famélique & piteuse de la plupart des maisons monastiques du moyen âge.

La guerre étrangère, puis les luttes civiles entre Armagnacs & Bourguignons, chassant sans cesse les religieuses de leur asile, furent fatales à l'observation de la règle comme à la fortune de la maison. La paix conclue avec l'Angleterre, les religieuses de Longchamps crurent enfin pouvoir respirer : les troubles civils du xvie siècle & le siège de Paris au temps de la Ligue apportèrent de nouvelles alertes. Henri III, déjà, témoin des embarras croissants de la maison, songea un instant à la fermer & à transporter le personnel ailleurs : il fallut toute l'insistance de l'abbesse pour détourner le danger. Henri IV, lui, ne songea pas à fermer l'abbaye : il s'y trouvait trop bien. Adroit à tromper les ennuis d'un siège interminable, il promena ses plaisirs de Montmartre à Longchamps & trouva dans cette dernière maison une maîtresse, Catherine de Verdun, qui lui resta longtemps attachée. « Ce jour le Roy aiant quitté la religion de Montmartre pour aller à celle de Longchamp, le mareschal de Biron, se trouvant à son disner & aiant envie de faire rire le Roy, lequel estoit fort prié & importuné en ce temps de changer de religion, lui va dire : « Sire, il y a bien des « nouvelles. — Et quelles sont-elles ? » dit le Roy. — « C'est que chacun dit à Paris que « vous avez changé de religion. — Com-

9.

« ment cela? » dit le Roy. — « Celle de Mont-
« martre à Longchamps », respondit M. le Mareschal. — « Ventre saint-gris! dit le Roy, la
« rencontre n'en est pas mauvaise, s'ils se vou-
« loient contenter de ce changement [1]. » Ces
troubles incessants, les déplacements conti-
nuels des religieuses obligées de fuir devant
les périls de guerre ne contribuaient pas à
rendre le régime très canonique & encoura-
geaient tous les désordres. « (Un mien ami)
me conta qu'ung homme de qualité de ceste
ville l'avoit voulu souvent desbaucher pour
le mener en telle religion de femmes, d'ici
autour, qu'il voudroit; & qu'il le mettroit à
mesmes, pour jouir tout à son aise & coucher
avec celle qui lui viendrait plus à gré; mesmes,
depuis huict jours, à Longchamps & à Gif,
où on besongnoit plus librement qu'au plus
célèbre bordeau de la ville de Paris [2]. » Ces
mœurs étaient peu faites pour inculquer des
idées religieuses à des femmes si fort distraites
par les bruits du monde, & dont plusieurs, au

---

[1] *Regiſtre-Journal de l'Eſtoile.*
[2] *Ibid.*

cours du xviie & du xviiie siècle, se retirèrent
dans d'autres maisons.

Au xviie siècle, un réformateur plus qualifié que Henri III, saint Vincent de Paul, fit
sur l'état du couvent une nouvelle enquête
dont il soumit le rapport[1] à l'archevêque de
Paris. Il attribuait la décadence morale à l'indifférence des supérieurs & à leurs querelles
intestines. « Depuis deux cents ans la bonne
odeur de Jésus-Christ a cédé la place au renversement de l'ordre & à la corruption des
mœurs. Les parloirs ne sont point fermés, ils
sont accessibles aux premiers venus que la plupart des religieuses viennent entretenir seules
& sans témoins, à l'insu de l'abbesse & souvent malgré elle. Les recteurs du monastère
sont bien éloignés de diminuer le mal, ils
l'augmentent plutôt, surtout les confesseurs,
en venant la nuit, à des heures indues, s'entretenir avec les religieuses. L'abbesse ayant
défendu à une jeune religieuse de recevoir
un jeune homme de mœurs corrompues & qui

---

[1] Texte latin avec traduction française, par J. L. [J. Labouderie]. Paris, Moutardier, 1827. Pièce.

n'était pas son parent, avec lequel elle avait des familiarités qui causaient du scandale, le père provincial a autorisé ces familiarités. Le bruit court que le jeune homme a donné une forte somme d'argent au provincial pour obtenir la permission.

«Les confesseurs ont souvent ouvert les tribunaux destinés à l'expiation des péchés à des hommes du monde & les y ont enfermés... Lorsque, pour éviter les fléaux de la guerre, toute la communauté a été contrainte de se retirer dans la capitale, la plupart des religieuses y ont occasionné du scandale par leur perversité, en passant des jours entiers dans les maisons & dans les chambres des particuliers, seules avec des hommes seuls. Plusieurs religieuses portent des vêtements inconvenants & immodestes, elles paraissent au parloir ornées de rubans de couleur de feu, elles ont des montres d'or, & se servent de gants parfumés appelés gants d'Espagne. Lorsqu'un ecclésiastique très pieux en eut averti l'abbesse, elle répondit qu'elle ne pouvait réprimer le mal, & qu'elle le suppliait d'en parler lui-même aux religieuses. L'ecclésiastique s'acquitta de sa commission & n'en tira que des paroles offensantes, irrévérencieuses. » Saint Vincent de Paul concluait en proposant de détacher complètement la maison de l'obédience de ses supérieurs les frères mineurs de l'ordre de Saint-François, première cause de tout le mal par leurs conseils & leurs encouragements, & de la soumettre au contrôle direct de l'archevêque de Paris. L'enquête, en fin de compte, resta sans résultat, & l'esprit de désordre ne cessa de régner jusqu'à la fin.

Ce n'est pas sans raison que Diderot, au siècle suivant, conduisit sa religieuse à la voluptueuse abbaye de Longchamps au sortir du couvent de Sainte-Marie de la rue Saint-Antoine [1] : l'abbesse lui en fait l'accueil le plus courtois. « Mademoiselle, vous savez la musique, vous chantez : nous avons un clavecin ; si vous le vouliez, nous irions dans notre parloir. » Le train de la maison était donc singulièrement mondain, & si le rapport de saint Vincent de Paul a été attaqué dans son authen-

[1] Voir ses *Œuvres complètes,* éd. Assézat & Tourneux, t. II, p. 35 & suiv.

ticité [1], il est certain que la proximité de Paris, la parenté des religieuses avec des familles en général riches & influentes, leurs relations avec des cercles mondains, leur amenaient des visites galantes & un peu dissipées; puis les malheurs & les pertes qu'elles essuyèrent leur imposèrent bien des démarches inattendues. Enfin les entraînements d'un siècle, le plus galant qui fût jamais, forcèrent les portes de la maison. Les irrégularités, au surplus, remontaient haut, car dès le xvie siècle les documents nous apprennent que le monastère était le théâtre d'une conduite assez discutable : les nonnes recevaient dans leur cellule qui bon leur semblait, & la jeunesse dorée venait y chercher des distractions peu catholiques. Enfin une bulle de Grégoire XIII avait désigné ce monastère comme station d'un pèlerinage jubilaire; les inconvénients en amenèrent l'évêque de Paris, Pierre de Gondi, à remplacer cette station par celle de l'église Saint-Roch, mais la célébration des fêtes religieuses y continua avec

[1] Cocheris, dans sa réédition de l'abbé Lebeuf, t. IV, p. 283, attribue cette pièce au savant abbé Labouderie lui-même.

son ancien éclat. Il était de bon ton d'aller prier sur la tombe de sainte Isabelle, puis, au xviiiᵉ siècle, d'assister aux offices chantés des *Ténèbres* les mercredi, jeudi & vendredi de la semaine sainte. Les nobles & les gens riches y allaient, les courtisans s'y coudoyaient avec les magistrats, & les femmes faisaient assaut d'élégance. L'émotion fut au comble quand une cantatrice de l'Opéra, Mˡˡᵉ Le Maure, y attira une assistance plus bruyante que recueillie. Adulée & fêtée, elle l'était non sans raison : à une admirable voix elle joignait un incomparable talent d'actrice, et malgré certaine disgrâce physique, une étonnante noblesse à la scène [1]. En 1727, la prise de voile de Mˡˡᵉ Le Maure provoqua un désappointement universel; mais l'artiste, en se retirant dans le monastère, y apporta ses habitudes mondaines; l'abbesse, entraînée par le courant, la pria de chanter : elle le fit avec un tel déploiement de musique instrumentale que les Parisiens accoururent en foule, & la chapelle fut bondée au

---

[1] « Cette sublime actrice, si connue par sa belle voix, sa laideur & ses caprices. » (*Mémoires secrets de Soulavie,* t. I, p. 141.)

point que l'on ne put fermer les portes; ce fut un concert profane que tout Paris revint entendre chaque année dans la semaine sainte.

Au bout de trois ans, Mlle Le Maure quitta l'abbaye, mais le pli était pris. La maison, fière du prestige qui en rejaillissait sur elle, décidée aussi par l'appât de riches aumônes, attira des chanteurs choisis jusque dans les chœurs de l'Opéra, sous prétexte de concerts spirituels. Le public trouva dans l'excursion de Longchamps un prétexte pour exhiber les toilettes printanières; le scandale grandit, & maintes quêteuses se montrèrent en costumes peu monastiques. Un contemporain anonyme décrit la physionomie de ces concerts vers 1770 : « La célébrité des *Lamentations* de Longchamps nous détermina à les aller entendre, & ce fut de toutes nos pratiques de piété, celle dont je fus le moins content. Il se forme à ces sortes d'assemblées une émulation de voix & d'instruments qui ne paraissent se surpasser que pour briguer de nombreux suffrages. Les musiciens s'y rendent comme à l'Opéra, avec un extérieur d'effronterie qui révolte. La moitié des assistants oublient l'objet qui devrait les y attirer pour ne s'occuper que de la mélodie des sons & de la beauté des vibrations & des roulades; on y parle, on y rit, on y éclate avec aussi peu de ménagement que dans un marché. Une quêteuse, entre autres, s'y fit voir dans une parure peu faite pour exciter la dévotion[1]. » L'archevêque Christophe de Beaumont, celui-là même qui eut maille à partir avec Jean-Jacques, s'inquiéta de voir changer une église en théâtre, & en fit fermer les portes au public. Les religieuses restèrent seules à célébrer l'office de *Ténèbres*. Les Parisiens n'en continuèrent pas moins à défiler dans les Champs-Élysées & l'allée du Bois de Boulogne; ne pouvant plus entrer dans la chapelle, ils se contentèrent d'en faire le tour, & au lieu de « faire Ténèbres », ils « firent Longchamps » : les dames étalaient leurs toilettes & leurs bijoux, paradaient dans les équipages les plus luxueux, les gentilshommes & ceux qui en prenaient les allures y saluaient les femmes de la société aussi bien que les demi-mondaines. Les Mémoires du temps de Louis XV & de Louis XVI abondent

[1] Voir l'*Histoire de Laurent Marcel,* ou l'*Observateur sans préjugés.* Paris, 1779.

en détails scandaleux sur la question. « Pendant la semaine sainte (1742), il a fait extrêmement beau, ce qui a favorisé le concours ordinaire dè « tout Paris » aux *Ténèbres* de Longchamps, ou, pour mieux dire, à la promenade dans le Bois de Boulogne. Mlle Leduc y a paru le mercredi & le jeudi saints. Elle y a été de Paris avec deux compagnes, dans un carrosse à six chevaux, & il y avait dans le Bois de Bou-logne, pour la promener, une petite calèche toute neuve, que le prince [1] avait fait faire, bleue & argent, & en dedans de velours bleu brodé en argent, attelée de six petits chevaux pas plus forts que des ânes : cela était de la dernière magnificence. Mlle Leduc, pleine de diamants, a été vue ainsi de tout Paris. Cela a non seulement blessé l'amour-propre de toutes les femmes, mais cela a fort scandalisé le public, & a donné lieu à des chansons très vives contre M. l'abbé qui a eu, dit-on, une forte réprimande de Mme la Duchesse sa

[1] Le comte de Clermont, de la famille des Condés, prince du sang & abbé commendataire de Saint-Germain-des-Prés, qui avait déjà donné à sa maîtresse, une fille d'Opéra, un hôtel dans la rue Richelieu.

mère[1]. Le roi a fait une chanson, la plus jolie
de toutes, sur M. le comte de Clermont :

> *Un char à ta catin,*
> *Mon cousin?*
> *Ce n'est pas son allure ;*
> *Le coche à Pataclin* [2],
> *Mon cousin,*
> *Et un habit de bure,*
> *Mon cousin :*
> *Ah! voilà l'allure, l'allure,*
> *Mon cousin,* ·
> *Oh! voilà son allure* [3] !

[1] Boisjourdain (*Mélanges historiques,* t. III, p. 91) ajoute
à cette anecdote quelques détails qui se terminent ainsi :
« Voici une affiche qu'on a faite à ce sujet :

LE TRIOMPHE DU VICE
SUR LE THÉÂTRE DE LONGCHAMPS,
par la demoiselle Leduc.

« On en donnera la première représentation le mercredi saint
21 mars 1742; au vendredi suivant la clôture; depuis inter-
rompue par l'indisposition d'une actrice. »

« Elle avait de bonnes raisons pour n'y point retourner
le vendredi : un froid & un vent épouvantable qu'il fit ce
jour-là... & par-dessus cela un petit avis charitable qu'elle
avait reçu de n'y pas retourner, sinon qu'on la ferait cul-
buter avec sa calèche. »

[2] La directrice de l'Hôpital général où l'on internait
les filles de joie.

[3] *Journal de Barbier,* éd. Villegille, t. II, p. 316-317.

« On a remarqué aux dernières promenades, écrit d'Argenson, sur le chemin de Longchamps pendant les trois jours de *Ténèbres,* que l'on n'avait point vu comme aujourd'hui le triomphe des courtisanes. Les filles & femmes entretenues ont arboré des carrosses & des livrées magnifiques, des parures & des diamants, & tout cet extérieur surpassait celui des femmes du plus haut rang. La mode a changé sur cela en France, & jamais l'on n'a poussé si loin la magnificence de la débauche. Autrefois l'on donnait un entretien modique à sa maîtresse; aujourd'hui elles demandent des rentes & des diamants. Observons qu'à mesure que la noblesse devient plus pauvre en revenus, elle augmente en magnificence de luxe, table, maisons, ameublement, boîtes & maîtresses; la dépense ancienne & ordinaire, quand on s'y tient, déshonore aujourd'hui [1]. » (Avril 1754.)

Les approches de la Révolution ne changèrent rien aux anciens usages. « Longchamps a été très brillant aujourd'hui, dit encore Bachaumont [2]; mais on a surtout été frappé

---

[1] *Journal & Mémoires,* t. VIII, p. 278.
[2] *Mémoires secrets,* 12 avril 1786.

de la magnificence de l'équipage, de la richesse des harnois, de la beauté des coursiers de la demoiselle Adeline, de la Comédie Italienne. Ce luxe subit & excessif a excité la curiosité générale sur l'auteur de ce cadeau, & l'on a su bientôt que c'était le sieur de Weimeranges, l'intendant actuel des postes & relais de France, qui avait donné mille louis à cette actrice pour son Longchamps. »

10 avril 1787. « La promenade de Longchamps continue d'être un spectacle pour les jours saints ; cette année, un spéculateur a proposé, au lieu de l'endroit où est le rendez-vous des voitures, qui n'est plus qu'un long chemin inégal, raboteux & plein de sable, d'y substituer la plus belle allée du Bois de Boulogne, celle qui va du château de Madrid à celui de la Muette ; on a volontiers adopté cette réforme. Depuis longtemps on ne se rappelle pas avoir vu tant de monde, tant d'aussi belles voitures & d'aussi bizarres : les *wiskis* y brillaient surtout ; beaucoup de petits-maîtres, beaucoup de filles avaient fait faire une voiture différente pour chaque jour. Un wiski plus bizarre & plus galant que les autres a fait pendant ce temps

la matière des conversations : ce wiski était
surmonté d'une Folie avec sa marotte. Dedans
étaient quatre marionnettes, deux de chaque
sexe, saluant sans cesse à droite & à gauche.
Tout cela était mené par un ânon joliment en-
harnaché, & un jockey dirigeait l'animal; on
lisait sur la voiture : *D'où viens-je? où vais-je? où
suis-je?* On l'a appelé la parodie de Longchamps,
dont en effet on semblait vouloir faire la critique. Ce concours a dû satisfaire le marquis
de Villette, qui passe aujourd'hui pour l'auteur de l'avertissement[1]. »

Les femmes du monde eurent parfois le
mauvais goût de chercher à rivaliser avec les
filles entretenues. Au Longchamps de 1780,
la duchesse de Valentinois fit sensation par
un carrosse de porcelaine attelé de chevaux
gris pommelé aux harnais de soie cramoisie,
brodés en argent. Elle ne réussit qu'à se voir
éclipsée par une simple figurante de l'Opéra,
la Beaupré : le carrosse de celle-ci, également
en porcelaine, traîné par quatre chevaux isabelle aux harnais de velours bleu foncé brodé

[1] *Mémoires secrets,* 12 avril 1786, t. XXXIV.

d'or, était décoré de peintures représentant Diane & Endymion.

C'est dans ce milieu si agité de l'abbaye de Longchamps que fut jetée, sans défense morale contre les suggestions les plus périlleuses, une femme dont le souvenir trop fameux se rattache, dans la période où nous sommes arrivés, à l'histoire de cette maison : Jeanne de Saint-Remi de Valois[1], quelques années après l'héroïne, avec le comte de Lamotte, son mari, de l'Affaire du Collier. Recueillie toute jeune par la marquise de Boulainvilliers, épouse du seigneur de Passy, & placée à l'abbaye voisine, elle ne tarda pas, si aristocratique que fût la vie qu'on y menait, à la trouver monotone, même ennuyeuse : elle était portée d'instinct vers la vie mondaine dont elle retrouvait toutes les jouissances dans la maison de sa protectrice, les jours où elle y était invitée. Que de séductions dans la société parfumée des jeunes élégants qui déjà l'assiégeaient en la sollicitant, & quel désenchantement de

---

[1] Dernière descendante, en ligne directe, d'un bâtard des Valois.

ne trouver, en sortant de ce milieu, que les murs nus de son couvent & l'uniforme prosaïque des religieuses! Après dix-huit mois de séjour, dans l'automne de 1779, elle franchit par une belle nuit la haie de clôture, un léger paquet sous le bras & douze écus en poche, & s'enfuit à Bar-sur-Aube.

Il est temps de nous résumer : malgré toutes ses recettes & les avantages qui lui furent concédés, notre abbaye n'eut jamais une situation de fortune bien assurée &, durant les siècles de son existence, se vit presque toujours talonnée par la pauvreté : il en fut ainsi dès le XIIIe siècle; si bien que, lorsque la Révolution en ferma les portes en décrétant la vente de ce qui restait de ses biens, les pauvres religieuses n'y trouvèrent même pas l'argent nécessaire pour rejoindre leurs familles.

Et les causes de cette pénurie chronique? les mêmes que l'historien relève dans toutes les maisons similaires & dans les collèges de notre Université : les dépenses exagérées pour l'embellissement de leur immeuble, pour la bonne chère & des plaisirs peu compatibles avec leur règle, puis surtout une ignorance totale des affaires & l'absence de tout compte régulier.

D'autre part, l'affaiblissement du sentiment religieux & l'oubli des traditions anciennes étaient sensibles dans tous les couvents, à Longchamps comme à Saint-Germain-des-Prés, comme presque partout : ils se survivaient à eux-mêmes. La Révolution ne fit que régulariser une situation de fait existant depuis longtemps. La loi de février 1790 sur la suppression des établissements monastiques entraîna la fermeture de l'abbaye de Longchamps. Le relevé des biens fait trois mois après établit un revenu de 27,204 livres contre des charges de 6,025 livres & une dette de 174,700 livres. Les biens meubles & les immeubles d'exploitation furent vendus; les bâtiments du monastère lui-même ne trouvant pas d'acquéreur, l'ordre fut donné en 1795 de les démolir en même temps que le château de Madrid, & exécuté graduellement dans les années suivantes.

CHAPITRE IV.

LA MUETTE.

Charles IX, dont nous connaissons les séjours au château de Madrid, se piqua de créer à son tour une demeure qui fût son œuvre personnelle; possédant déjà sur le plateau de Passy un chenil & une fauconnerie, il y éleva, en 1572, un pavillon de chasse, la *Meute* ou *Muette,* qui resta le siège de la capitainerie des chasses du Bois de Boulogne jusqu'en 1719.

La Muette fit partie, comme Madrid, du domaine de la reine Margot dont Tallemant a rappelé la galanterie & les bizarres coutumes; mais elle avait aussi des goûts d'un ordre plus relevé, & aimait à s'entourer de savants & de lettrés dont les débats l'intéressaient au plus haut point.

Quand le roi poursuivit son divorce par passion pour sa Gabrielle, la princesse refusa énergiquement de s'y prêter; puis, la chose une fois accomplie, elle en prit galamment son parti, & montra même une réelle affection au fils de Henri IV & de Marie de Médicis. Elle légua la Muette au jeune Louis XIII, tout comme elle lui avait légué Madrid. Louis XIV nomma capitaine de la garenne du Bois de Boulogne, Catelan, qui y exécuta des travaux importants; en 1702, il vendit sa charge à Fleuriau d'Armenonville. «C'était un homme léger, gracieux, respectueux quoique familier, toujours ouvert, toujours accessible, qu'on voyait peiné d'être obligé de refuser & ravi de pouvoir accorder, aimant le monde, la dépense & surtout la bonne compagnie, qui était toujours nombreuse chez lui [1]. » Le lundi 5 septembre 1707, il offrit, à la Muette, une grande fête au duc & à la duchesse de Bourgogne.

«M. d'Armenonville ayant fait de grands embellissements au Bois de Boulogne depuis qu'il en est capitaine & ayant aussi rendu le château de la Muette, qui lui sert de logement en cette qualité, une des plus agréables maisons des environs de Paris, & monseigneur le duc & madame la duchesse de Bourgogne en ayant ouï parler comme d'un lieu qui méritoit

---

[1] Saint-Simon, éd. Boislisle, t. IX, p. 17-18.

d'être vu, résolurent d'y aller sans en avertir M. d'Armenonville qui, de son côté, se doutoit qu'il auroit un jour l'honneur de recevoir cette auguste compagnie dans cette agréable maison. Il ne se trompoit pas, & ayant su qu'elle étoit en chemin pour s'y rendre, il alla la recevoir à la porte du parc appelée la *porte verte.* Madame la duchesse de Bourgogne se promena longtemps dans ce parc en habit d'amazone, accompagnée d'une vingtaine de dames dont les plus jeunes étoient aussi vêtues en amazones, & l'on se rendit ensuite au château de la Meute, d'assez bonne heure pour en voir les appartements. M. & Mme d'Armenonville, pour répondre à l'honneur qu'ils recevoient, trouvèrent le moyen, malgré la brièveté du temps, de faire préparer un magnifique ambigu, dont la délicatesse des mets & la beauté des fruits répondoient à leurs soins & à l'ardent désir qu'ils avoient que ce repas pût être digne des augustes personnes pour lesquelles ils l'avoient fait préparer. Comme ils n'avoient pas prévu que la compagnie dût être si nombreuse, la table n'étoit que de quinze couverts. Il y avoit une seconde table pour les

seigneurs qui accompagnoient monseigneur le
duc de Bourgogne, & comme toutes les dames
ne purent trouver place à la première table, il
y en eut plusieurs qui se placèrent à la seconde,
ce qui fut cause que beaucoup d'officiers n'y
purent avoir place, & M. d'Armenonville s'en
étant aperçu, il en fit servir une troisième dans
son cabinet. Comme il fallut employer un peu
de temps à préparer ces tables, les hautbois
jouèrent pendant cet intervalle, durant lequel
madame la duchesse de Bourgogne dansa avec
les jeunes dames de sa suite. On se mit à table
à huit heures. Monseigneur le duc & madame
la duchesse de Bourgogne furent servis par
M. & Mme d'Armenonville. Pendant le souper
on illumina la cour avec beaucoup de lam-
perons, afin que la compagnie en fût éclairée
lorsqu'elle sortiroit. Le repas fini, madame la
duchesse de Bourgogne reprit la danse, afin de
donner un air de fête à la réception qui lui
avoit été faite, & M. d'Armenonville, voulant
marquer la joie qu'il ressentoit de ce que cette
réception avoit été agréable aux augustes personnes qui lui avoient fait l'honneur de venir
chez lui, fit tirer de très belles fusées volantes

dont il avoit fait provision dans la pensée qu'il pourroit un jour recevoir l'honneur qu'il reçut ce jour-là. La danse finit à une heure après minuit, & toute la compagnie retourna à Versailles, éclairée par un grand nombre de flambeaux [1]. »

Après la mort de Louis XIV, la duchesse de Berry, fille du Régent, « acheta, ou plutôt le roi pour elle, une petite maison à l'entrée du Bois de Boulogne, qui était jolie, avec tout le bois devant & un beau & grand jardin derrière, qui appartenoit à la charge de capitaine des chasses de Boulogne & des plaines des environs. Catelan, qui l'étoit, l'avoit fort accommodée & avoit vendu à Armenonville : cela s'appelle *la Muette,* que le roi a prise depuis & fort augmentée. Armenonville fut payé grassement, conserva la capitainerie, eut quatre cent mille livres de brevet de retenue sur sa charge de secrétaire d'État [2] dont il n'avoit pas payé davantage au chancelier, & presque tout le château de Madrid & tous ses jardins pour sa maison

[1] *Mercure de France,* septembre 1707.
[2] Il était garde des sceaux & surintendant des finances.

de campagne, réparée à son gré aux dépens du roi »[1].

Comme elle avait déjà scandalisé le Luxembourg par ses désordres, la princesse fit de même à la Muette, indifférente aux traits de la malignité publique. « On affiche au Palais-Royal, en écrit déjà quelques années auparavant Madame, des placards portant « voicy où se font « des lotteries & où on trouve le plus fin poi-« son ». Ces lotteries, c'est pour dire que mon fils vit avec sa fille comme Lot[2]. »

Les anciennes vignes de Passy étaient, sinon de première qualité, du moins d'une certaine étendue que rappelle de nos jours le nom des rues des Vignes & Vineuse. Rien de surprenant à voir les vendanges y prendre assez d'importance pour que, le 4 octobre 1718, la duchesse de Berry invitât son père à venir passer une nuit à la Muette pour assister le lendemain à la petite fête champêtre. Là-dessus, la duchesse d'Orléans[3], sa mère, avec qui la jeune

---

[1] SAINT-SIMON, éd. Chéruel, t. XIII, p. 423-424.

[2] Lettre de Versailles, 27 mars 1712.

[3] M¹¹ᵉ de Blois, une bâtarde légitimée de la Montespan.

princesse avait toujours vécu en mauvais termes, lui écrivit un billet assez aigre & où
perce une jalousie sur laquelle Michelet a pu
étayer ses injurieuses accusations : elle lui demanda ce que penseraient, en apprenant la nouvelle, ses bonnes amies les Carmélites du faubourg Saint-Germain chez lesquelles elle faisait
souvent, durant son séjour au Luxembourg,
des retraites forcées pour celles-ci.

C'est au cours d'une de ses excursions — on
était alors en pleine conspiration de Cella-
mare, & l'ambassadeur d'Espagne intriguait
pour substituer son maître au duc d'Orléans
comme régent de France — que le prince,
venant de Saint-Cloud, échappa à un danger
que relate Madame, à la date du 25 avril 1719 :
« Le 17 avril, on a amené un drôle qui l'an
passé a failli surprendre mon fils au Bois de
Boulogne. C'est un colonel réformé, nommé
La Jonckère; il avait écrit à mon fils en faisant
des demandes exorbitantes de pensions & de
charges; ayant été refusé, il va en Espagne &
promet à Alberoni de livrer mon fils mort ou
vif, & de l'enlever. Il vient avec deux cents
hommes qu'il met en embuscade aux environs

de Paris. Il n'a manqué mon fils que d'un quart d'heure au Bois de Boulogne, que celui-ci avait traversé pour aller dîner chez sa fille à la Muette. Cet homme en a été désespéré & s'est sauvé dans les Pays-Bas. Là il a dit avec jactance que, puisqu'il avait manqué mon fils une fois, il prendrait désormais si bien ses mesures qu'on entendrait bientôt parler d'un grand coup. Par bonheur, on a rapporté cela à mon fils & on a ajouté que l'homme était à Liège. Mon fils y a envoyé un rusé compère qui a attrappé l'homme en le conduisant hors de la porte; là, il lui mis un pistolet sur la gorge & l'a menacé de le tuer sur-le-champ s'il ne le suivait pas & s'il faisait du bruit... On l'a lié & on l'a conduit à la Bastille [1] ».

Étant encore au Luxembourg, la duchesse de Berry avait obtenu de la faiblesse de son père une compagnie de gardes du corps : nouveauté inouïe pour les princesses du sang & qui provoqua bien du scandale en son temps. Elle en

----

[1] *Correspondance de la duchesse d'Orléans,* tr. par BRUNET, t. II, p. 97.

nomma lieutenant un neveu de Mme de Biron, l'épouse du fameux Lauzun, « le beau Rion », ainsi appelé bien qu'il n'eût pas plus de figure que d'esprit. Ce fut cependant ce garçon, « court, joufflu, pâle, qui avec force bourgeons ne ressemblait pas mal à un abcès », dont la princesse, aussi dépravée dans ses goûts que dans ses mœurs, s'éprit presque aussitôt avec une passion qu'on a peine à s'expliquer. Hautaine avec tout le monde, elle devint l'humble esclave de son amant, subissant tous ses caprices & sans résistance devant ses outrages. C'est cet individu que la nouvelle propriétaire de la Muette en nomma gouverneur; & les occupations auxquelles il s'y livra nous donneraient peut-être le mot de la singulière influence qu'il exerçait. La duchesse, en effet, joignait à tous ses vices celui de l'alcoolisme, & Rion, très adroit dans la pratique de la distillation, favorisait une passion qui assurait sa tyrannique domination. Leurs relations, qui s'étalaient au grand jour, aboutirent à la fin de l'hiver 1718-1719 à la naissance d'une fille; & l'ambitieux amant saisit cette occasion pour entraîner sa maîtresse à un mariage qui devait assurer sa fortune politique. Excédé de ce scandale, le Régent intervint pour renvoyer Rion à son régiment qui combattait en Espagne, tandis que la duchesse, fatiguée par plusieurs mois de grossesse & des couches assez pénibles dont elle ne se remettait que lentement, se faisait transporter le 10 avril à son château de Meudon. A peine convalescente, elle invita, dans les premiers jours de mai, son père, dont elle était intéressée à calmer le ressentiment, & malgré la fraîcheur de l'air, fit servir le souper sur la terrasse : ce fut sa mort; une rechute ne se fit pas attendre, &, le 14 mai, la malade fut transportée dans un carrosse, entre deux draps, à la Muette. Durant deux mois, la maladie suivit son cours avec des alternatives de crainte & d'espoir, jusqu'au 14 juillet. Le lendemain 15, elle fut saignée, & on envoya chercher son confesseur cordelier. « Les longues douleurs dont elle fut accablée ne purent la persuader de penser à cette vie par un régime nécessaire à son état, jusqu'à ce qu'enfin parents & médecins se crurent obligés de lui parler un langage qu'on ne tient aux princes de ce rang qu'à grand'peine dans la plus urgente nécessité,

mais que l'impiété de Chirac[1] déconcerta...
Elle reçut ses sacrements à portes ouvertes, &
parla aux assistants sur sa vie & sur son état,
mais en reine de l'une & de l'autre. Après
que ce spectacle fut fini, & qu'elle se fut
renfermée avec ses familiers, elle s'applaudit
avec eux de la fermeté qu'elle avait montrée,
& leur demanda si elle n'avait pas bien parlé
& si ce n'était pas mourir avec grandeur &
courage.

« ...Dans cette extrémité où les médecins
ne savent plus que faire & où on a recours à
tout, on parla de l'élixir d'un nommé Garus
qui faisait alors beaucoup de bruit. Garus fut
donc mandé & arriva bientôt après. Il trouva
Mme la duchesse de Berry si mal qu'il ne voulut
répondre de rien. Le remède fut donné & réussit
au delà de toute espérance. Il ne s'agissait plus
que de continuer. Sur toutes choses, Garus
avait demandé que rien sans exception ne fût
donné à Mme la duchesse de Berry que par lui.
Mme la duchesse de Berry continua d'être de
plus en plus soulagée & si revenue à elle-même

[1] Médecin du duc d'Orléans & premier médecin du
roi.

que Chirac craignit d'en avoir l'affront. Il prit
son temps que Garus dormait sur un sofa & avec
son impétuosité présenta un purgatif à Mme la
duchesse de Berry, qu'il lui fit avaler sans en
dire mot à personne. L'audace fut aussi complète que la scélératesse, car M. le duc & Mme la
duchesse d'Orléans étaient dans le salon de la
Muette. De ce moment à celui de retomber
pis que l'état d'où l'élixir l'avait tirée, il n'y
eut presque pas d'intervalle. Garus fut réveillé
& appelé. Voyant ce désordre, il s'écria qu'on
avait donné un purgatif qui, quel qu'il fût,
était un poison dans l'état de la princesse. Il
voulut s'en aller, on le retint, on le mena à
M. le duc & à Mme la duchesse d'Orléans. Grand
vacarme devant eux, cris de Garus, impudence
de Chirac & hardiesse sans égale à soutenir ce
qu'il avait fait. Mme la duchesse de Berry, pendant ce débat, tendait à sa fin... Enfin sur le
minuit du 21 juillet, Mme la duchesse de Berry
mourut, deux jours après le forfait de Chirac[1]. »
Ainsi disparut cette princesse, « née avec un
esprit supérieur &, quand elle le voulait, égale-

[1] Saint-Simon, éd. Chéruel, t. XVII, p. 225-231.

ment agréable & aimable, & une figure qui imposait & qui arrêtait les yeux avec plaisir, elle parlait avec une grâce singulière, une éloquence naturelle qui lui était particulière & qui coulait avec aisance & de source, enfin avec une justesse d'expression qui surprenait & charmait. Que n'eût-elle point fait de ces talents, si les vices du cœur, de l'esprit & de l'âme, & le plus violent tempérament n'avaient tourné tant de belles choses en poison le plus dangereux[1] ».

Un dénouement aussi tragique ne mit pas fin aux accusations qui déjà s'étaient fait entendre. « Tous ces gens semblent s'être facilement consolés de sa mort, écrivait quelques semaines après la Palatine. Moi aussi, je m'en console, chère Louise, & pour bien des raisons : j'ai appris après sa mort bien des choses qu'il est impossible d'écrire[2]. » Les imputations chuchotées à mi-voix, deux libelles anonymes les formulèrent tout haut, & avec la dernière vivacité, après la mort du duc d'Orléans visé

[1] SAINT-SIMON, éd. Chéruel, t. XVII, p. 223.
[2] Voir la *Correspondance*, lettre de Saint-Cloud, 27 août 1719.

par l'anagramme de *Relosan,* ou le titre oriental de *Sotermelec* (sauveur du roi). Les *Aventures de Pomponius, chevalier romain,* sont suivies de la *Chronique du chevalier Sotermelec,* écrite dans une langue assez libre, à la manière de Rabelais : elle comprend plusieurs chapitres qui se rapportent aux aventures scandaleuses de la Muette :

Comment une nuit Sotermelec vit en songe une couronne & cuidoit que regner pourroit, puis s'eveillant ne trouva que bran.

Comment Sotermelec humoit le piot, quelquefois donnoit gourmades à ses compagnons de plaisir, puis se repatrioit avec iceux.

Comment Sotermelec alloit en pelerinage à l'abbaye de Tetemue (La Muette), & là faisoit longue retraites, puis y consoloit abbesse (sa fille) & nonnains.

Comment étoient réglées les nonnains de Tetemue.

Comment devots & devotes alloient se marier à Tetemue, etc. [1].

Au temps de la Régence, les tableaux n'étaient pas encore bien nombreux à la Muette :

[1] Rome, 1725 ; p. 208-209.

douze petites toiles de Watteau, représentant
des figures chinoises; une autre suite de douze
Diverses figures chinoises & tartares, & enfin six
Sujets chinois. Un peu après, toutes ces chinoi-
series furent accrues de quatre toiles de Lan-
cret, *Les Quatre Saisons,* aujourd'hui au Louvre.

La mort de la duchesse de Berry laissant le
domaine sans maître, le Régent « fit au roi une
galanterie très convenable à son âge, ce fut de
lui proposer de prendre la maison de la Muette
pour s'amuser & y aller faire des collations. Le
roi en fut ravi. Il crut avoir quelque chose personnellement à lui, & se fit un plaisir d'y aller,
d'en avoir du pain, du lait, des fruits, des lé-
gumes, & de s'y amuser de ce qui divertit à cet
âge. Ce lieu, changeant de maître, changea
aussi de gouverneur. Le duc d'Humières me
parla pour Pezé; je le lui fis donner... Il eut
aussi la capitainerie du Bois de Boulogne,
comme Rion avait l'un & l'autre »[1]. Quel
homme était ce marquis de Pezé? « Un jeune
homme de figure commune, lisons-nous un
peu plus loin, avec beaucoup d'esprit & de

---

[1] SAINT-SIMON, éd. Chéruel, t. XVII, p. 243.

physionomie, plein de manèges, d'adresses, de finesse, de ressources dans l'esprit, haut & agréable, le ton du grand monde & de la bonne compagnie où il était agréable & bien reçu, & d'une ambition qui lui fit trouver toute sorte de talents pour arriver à la plus haute fortune. Il fit si bien qu'il persuada au monde que le roi l'avait pris en amitié, que cette raison le fit compter, lui acquit des amis considérables à qui il ne manqua jamais en aucun temps, & lui fraya le chemin en tout. » Sur cette période de l'histoire de la Muette & des menus faits de la vie qu'y mena le petit roi, le marquis de Calvière, d'abord page, puis écuyer, lieutenant-général, etc., a laissé des notes manuscrites dont E. & J. de Goncourt ont publié[1] certains extraits; nous en reproduisons ici un choix :

« 24 février 1722. A la Meute où il nous fit marcher prodigieusement avant & après dîner, surtout pour lasser M. de Noailles, la rivière au retour étoit débordée jusque dans le milieu du Cours & M. de La Chapelle grondé.

[1] Voir les *Portraits intimes du XVIIIe siècle.* Paris, 1858; 2e sér., p. 117 & suiv.

« Le 25 février. A la promenade autour du Bois de Boulogne où je reçeus un coup de pied de cheval sur l'os de la jambe, j'étois derrière la calèche en guêtre & M. Du Saussay montoit une jument à luy qui me lâcha le coup de pied, mais comme j'étois extrêmement près, le mal fut très léger.

« Le 7 mars. M. le comte de Clermont vint me prendre aux Thuileries pour aller à la promenade dans sa petite calèche qu'il conduisoit luy-même. Nous fûmes seuls à la Meute où il me pria de jouer de la flute devant un loup-cervier qui témoignoit aimer beaucoup le son de cet instrument.

« Du 13 mars. A la Meute force poissons pris & éventrés.

« 20 mars. A la Meute où l'infante [1] vint après dîner & aussi pour voir Madrid à cause de son nom, mais la visite fut courte.

« 22 mars. Le roy fut au Bois de Boulogne ;

---

[1] La petite Infante, fille de Philippe V, qui avait été presque au sortir du berceau amenée en France pour être élevée en vue de son mariage avec Louis XV ; le jeune roi, qui ne pouvait la souffrir, laissa le duc de Bourbon la renvoyer brutalement en Espagne.

la pluye en allant fut très forte & le roy se réjouit beaucoup de nous voir mouillés.

« Lundi, 13 avril. Le roy étant à la Meute & ayant pris un petit lapereau en vie me dit que je me souvenois bien d'être son porte-lapin, parce que, étant dauphin, je luy en avois porté un de la part du roy. Je luy demanday tout de même la permission de le porter à l'Infante, ce qu'il m'ordonna, & la princesse s'en réjouit beaucoup.

« Mercredi, 6 may. Il alla le soir au Bois de Boulogne &, tandis qu'il chassoit, je restay à causer avec le maréchal de Villeroy. Le soir j'allois porter un lapin à l'Infante qui me fit voir un petit dauphin, homme de cire, qui lui servoit de poupée.

« Mercredi, 13 may. Le roy pêcha beau-coup d'écrevisses à la Meute & me les donna toutes.

« Mardi, 19 may. M. le duc apprend au roy, au Bois de Boulogne, à jarreter un lapin sans couteau, en lui déchirant seulement les ergots.

« Lundi, 25 may. Un nommé Deschamps, qui avoit été autrefois soldat dans le régiment du roy, luy fut présenté à la Meute. Il est actuellement directeur des manufactures de Saint-Étienne. Il montra à Sa Majesté un fusil qu'il promettoit de faire tirer quarante coups en un quart d'heure, & de fait il en fit l'épreuve : en cinq minutes de temps, il tira vingt coups. Il ne faisoit que secouer son fusil, après avoir jeté la balle dedans, & avoit sous la main gauche une avance de bois pour empêcher que le canon ne brûlât la main.

« Dimanche, 31 may. L'Infante va à la Meute & dîne avec Mme de Ventadour; la feste estoit fort grande & beaucoup de tables. On parle de donner cette maison à l'Infante quand le roy seroit à Versailles. »

Le *Journal de Barbier* (avril 1722) ajoute de son côté une anecdote qui est caractéristique pour les dispositions morales du petit roi :

« Le roi avoit une biche blanche qu'il avoit nourrie & élevée, laquelle ne mangeoit que de sa main & aimoit fort le roi; il l'a fait mener à la Muette, & il a dit qu'il vouloit tuer sa biche. Il l'a fait éloigner & il l'a tirée & blessée. La biche est accourue sur le roi, & l'a caressé, il l'a fait remettre au loin, & l'a tirée une seconde fois & tuée. On a trouvé cela bien dur. On conte de lui quelques histoires pareilles sur des oiseaux qu'il a à Passy. »

Le brave officier Pezé se fit tuer en Italie à la tête de son régiment, & c'est son beau-frère, le marquis de Beringhen [1], qui obtint alors & garda pendant trente-six ans, jusqu'en 1770, le gouvernement de la Muette & de Madrid avec la capitainerie du Bois de Boulogne. Premier écuyer du roi, &, du reste, fort bien apparenté, il aurait été, à en croire d'Argenson, un sot & un dépensier. Faute de données suffisantes pour nous prononcer sur la question, bornons-nous à lui rendre le témoignage qu'il fit son possible pour maintenir dans le domaine confié à ses soins une décence de tenue fortement battue en brèche par le roi & sa séquelle de femmes. Louis XV, en effet, après avoir débuté par une conduite d'une correction toute bourgeoise, était tombé en pleine galanterie. Dès le mois de janvier 1732, — n'ayant

[1] Il était fils de ce Jacques-Louis de Béringhen, premier écuyer du roi, qui, au cours de la guerre de la Succession d'Espagne, fut enlevé par une bande ennemie aux portes mêmes de Paris, entre Billancourt & le Point-du-Jour. Voir dans SAINT-SIMON, t. V, p. 372-376, le récit de sa romanesque aventure.

que vingt-deux ans, — il laissa, dans un dîner, percer pour la première fois ses intentions. « Louis XV but à la santé de sa maîtresse inconnue, cassa son verre & invita les convives à le casser avec lui, à deviner le nom de cette inconnue, & à déclarer à la compagnie quelle dame de la cour pouvait lui plaire… On jugea depuis ce repas que le roi pensait déjà à quelque maîtresse[1]. » C'est le duc de Richelieu qui attira l'attention de son maître sur la comtesse de Mailly, dame du palais de la reine & fille du marquis de Nesle, qui portait le titre de « premier marquis de France ». En septembre 1736, d'Argenson nous apprend que « le roi, ne pouvant plus se tenir aux seuls attraits de la reine, a pris pour maîtresse depuis six mois Mlle de Mailly, fille de M. de Nesle… Cette affaire est menée secrètement, comme toutes les galanteries le devraient être. Les entresols & petits cabinets du roi ont cent issues; la Muette est excellente pour cela. Les allées qui conduisent de la Muette au logement de Mlle de Charolais, à Madrid, sont étroites &

---

[1] *Mémoires de Richelieu,* par SOULAVIE, 1790-1793; t. V, p. 64-65.

coupées de barrières; on y voit toujours des traces de calèches quand le roi a couché à la Muette, car Mlle de Charolais est en pleine confiance. » Et quelques mois plus tard, il revient sur le même sujet : « Mlle de Charolais en a fait le premier maquerellage par la commodité de sa maison de Madrid, du bois & de la Muette où le roi soupe souvent. Il m'est arrivé de me promener de grand matin, à cheval, dans le Bois de Boulogne, de trouver des traces de roues fraîches de la nuit dans certaines routes étroites & toujours fermées de barrières, lesquelles vont de la Muette à Madrid. Mais, depuis que *la groſſe affaire eſt consommée*, Mademoiselle n'y est plus de rien, & les deux amants font leurs affaires tout seuls[1]. »

« Septembre 1738. Il y a eu, depuis peu, une tracasserie domestique dans les affaires de la garde-robe du roi. Mme de Mailly, maîtresse de Sa Majesté, était souvent obligée d'aller à Madrid chercher Mlle de Charolais, car, de là elle avait la commodité d'aller passer les nuits à la Muette quand le roi y était, en traversant

_____

[1] *Journal & Mémoires,* éd. Rathery, t. I, p. 220 & 230.

le Bois de Boulogne par des allées étroites & qui, le jour, sont fermées par des barrières vertes. De cette nécessité est venue la familiarité de Mademoiselle avec Sa Majesté ; mais bientôt cette faveur de maquerellage a dégénéré en ambition. Mademoiselle, de concert avec l'évêque de Rennes, son amant, & avec la maréchale d'Estrées, a lié cette partie : on prétendait vendre à Mme de Mailly la maison qu'a la maréchale dans le Bois de Boulogne, nommée *Bagatelle,* ce qui avait mis ladite maîtresse plus que jamais sous la couleuvrine de la commode [1]. On a éludé ce coup. Ce triumvirat devait donc gouverner la France par la maîtresse du roi ; mais bientôt le roi a su ce complot.

«Avril 1739. Au voyage de la Muette que fait le roi actuellement, la partie est gaillarde & indépendante. On a invité les dames qui en sont ordinairement. On dîne à Madrid chez Mademoiselle ; on soupe à la Muette ; dans l'après-midi, à Bagatelle, chez la maréchale d'Estrées ; on y passe joyeusement le temps ;

[1] En d'autres termes, sans doute : *à la merci de la complaisante.*

on y fait l'amour, si vous voulez; tout est bien réglé [1]...»

Enfin, en juillet 1740. « (Le roi) vit dans une crapule & dans une obscurité inexcusables avec sa maîtresse; il semble n'avoir de bon temps que celui où il est seul avec Mme de Mailly à Choisy, à la Muette ou à Rambouillet. M. le Premier [2] a empêché tant qu'il a pu que Mme de Mailly ne couchât à la Muette dont il est gouverneur, & elle allait toujours coucher à Madrid ou à Bagatelle après avoir soupé avec le roi. A présent, elle y couche toujours, ainsi qu'à Choisy [3].»

La comtesse de Mailly vit baisser sa faveur & fut supplantée par sa sœur cadette. Une liaison simultanée avec les deux sœurs se poursuivit durant plusieurs mois, puis on décida de marier la nouvelle venue, pour lui donner une situation à la cour, avec le comte de Vintimille, neveu de l'archevêque de Paris qui voulait être cardinal. « Le mariage fut accordé, & le vieil oncle le bénit dans son palais, & comme

[1] D'ARGENSON, ouvr. cit., t. II, p. 11-12 & 137.
[2] Le premier écuyer, Béringhen.
[3] D'ARGENSON, ouvr. cit., t. III, p. 125.

Louis XV ne voulait pas laisser au nouvel époux Mme de Vintimille, ni l'appeler elle-même le premier soir à Versailles,... Mademoiselle, princesse facile & de bon accommodement, eut la complaisance de prêter son appartement pour que les deux époux eussent l'air de consommer le mariage qu'ils venoient de contracter. Les nouveaux mariés se rendirent donc avec elle & chez elle au château de Madrid pour sauver les apparences, tandis que le roi vint souper à la Muete avec Mlle de Clermont, la duchesse de Ruffec... Quand ils présumèrent que le souper des noces étoit fini, le roi fit monter ces dames dans sa gondole & alla trouver à Madrid les nouveaux mariés qui alloient se mettre au lit. Les mariés se disposèrent à se retirer pour coucher dans le même lit; le roi fit l'honneur à Vintimille de lui donner la chemise; on observa même que Louis XV la donna sans embarras comme sans jalousie & que, le lendemain, on affecta de dire que le roi étoit revenu coucher à la Muete, laissant dormir ensemble les deux époux. Mais d'autres assurèrent que c'étoit Vintimille lui-même qui, laissant au roi sa place à Madrid, avoit pris le lit de la Muete. La maréchale d'Estrées, invitée à la noce, s'en aperçut, s'en crut offensée, s'enfuit ce soir-là même à Bagatelle [1]. »

De tous les gouverneurs de la Muette, le plus fameux, sinon le plus illustre, fut le prince de Soubise, de la maison de Rohan. Ami de jeunesse de Louis XV, il dut à la protection de la Pompadour de parvenir aux plus hautes dignités de l'État. D'abord gouverneur de Flandre & du Hainaut, puis maréchal de France, il se montra braye soldat, mais inepte capitaine dans la guerre de Sept Ans. En octobre 1757, s'étant laissé surprendre avec 8,000 hommes par 1,500 Prussiens, il dut s'enfuir en toute hâte au moment de s'asseoir à une table somptueuse. Le mois suivant, nouvelle déroute à Rosbach, où il laissait à l'ennemi, avec 7,000 prisonniers, une partie de son artillerie & de ses drapeaux, ses bagages escortés d'une cohue de laquais, de cuisiniers, de coiffeurs, de comédiens, des singes, des perroquets, des parasols, des manchettes brodées, des caisses

---

[1] SOULAVIE, *Mémoires de Richelieu,* t. V, p. 94-96.

de parfumerie. Une chanson satirique courut alors les rues :

Le prince dit, la lanterne à la main :
J'ai beau chercher; où diable est mon armée?
Elle était là pourtant hier matin;
Me l'a-t-on prise, ou l'aurais-je égarée?
Prodige heureux, la voilà, la voilà!
O ciel, que mon âme est ravie!
Mais non, qu'est-ce donc cela?
Ma foi, c'est l'armée ennemie [1].

Du reste un des plus riches seigneurs de la noblesse française, il était le petit-fils de ce François de Rohan, de fortune d'abord assez médiocre, & qui réussit, des bontés du roi pour sa femme & des sommes que celle-ci puisa dans la cassette royale, à bâtir le magnifique hôtel [2], aujourd'hui les Archives nationales, où Lemoine, Rigaud, Boucher, Vanloo laissèrent la trace de leur génie. Héritier de l'humeur galante de sa grand'mère, il entretint pendant de longues années, & fort richement, la Guimard;

[1] *Chansonnier historique du XVIIIe siècle,* publié par E. Raunié, t. VIII, p. 288.
[2] Voir SAINT-SIMON, éd. Chéruel, t. II, p. 387.

mais, au milieu de ses défauts & de sa frivolité, il avait gardé une qualité : la gratitude. Seul de tous les courtisans, il accompagna à Saint-Denis la dépouille de Louis XV, qui avait été son bienfaiteur. Louis XVI lui en sut gré & le maintint dans tous ses gouvernements. L'un des représentants typiques de la société du XVIIIe siècle, il mourut en 1787, dans sa petite maison de la rue de l'Arcade, 22, à temps pour ne pas assister à l'écroulement d'un régime qu'il avait servi toute sa vie.

C'est lui, ce « grand veau de Soubise[1] » que la princesse Palatine présente comme le héros d'un duel au Bois de Boulogne entre deux femmes de la cour, dont Soulavie[2] fait honneur au favori de Louis XV. « Richelieu faisoit sa cour à un très grand nombre à la fois, & il est souvent arrivé à Rafé, son laquais affidé, de lui donner en rentrant dix à douze lettres de rendez-vous pour le même soir. Le duc ne prenoit pas la peine d'ouvrir tous ces billets d'amour : il ouvroit la lettre de la personne

---

[1] Voir la *Correspondance de la duchesse d'Orléans,* tr. par BRUNET, t. I, p. 301.
[2] *Mémoires de Richelieu,* t. II, p. 207-211.

chez laquelle il vouloit aller & s'amusoit beaucoup à tromper les femmes, à envoyer comme
par erreur à celle qu'il ne vouloit plus le billet
doux de sa rivale. Des querelles de femmes,
difficiles à terminer, en étoient la suite. C'est
dans ces circonstances qu'un duel jusqu'alors
inouï entre deux femmes bien connues pour
leur amour des plaisirs, occupa la capitale &
surtout la cour du Régent. On publia que
Mme de Polignac & Mme de Nesle [1] s'étoient
battues en duel & au pistolet, au Bois de Boulogne, pour savoir à laquelle Richelieu resteroit.
Il avoit eu beau donner des congés à Mme de
Polignac, elle étoit éperdument amoureuse de
sa coquetterie; ses infidélités ne la blessoient
pas. Jalouse de toutes les dames qui lui avoient
succédé en grand nombre, elle s'en prit à
Mme de Nesle, lui déclarant qu'il falloit y venir
avec un pistolet.

« La marquise de Nesle, bien décidée à tuer
sa rivale, comptoit pour peu de chose de rester
sur le carreau. A la première entrevue dans le

[1] Elle fit école dans sa famille, puisque cinq de ses filles
défilèrent successivement dans le lit de Louis XV.

lieu de leur rendez-vous, & après une révérence
préalable, ces dames, vêtues en amazones, se
lâchèrent chacune un coup de pistolet : on vit
tomber Mme de Nesle, dont le sein fut sur-
le-champ tout ensanglanté. Mme de Polignac,
fière de sa victoire : «Va, dit-elle à son adver-
« saire, je t'apprendrai à vivre & à vouloir aller
« sur les brisées d'une femme comme moi. Si je
« tenois la perfide, je lui mangerois le cœur après
« lui avoir brûlé la cervelle.» — Des personnes
curieuses que ce spectacle nouveau avoit appelées, s'approchant de Mme de Nesle renversée
par terre, trouvèrent le sein inondé de sang,
crurent qu'elle avoit reçu un coup de feu
mortel & que c'en étoit fait d'elle; mais à
l'examen on s'aperçut que le sang couloit d'une
égratignure du haut de l'épaule, la balle n'ayant
qu'effleuré légèrement Mme de Nesle. Revenue
à elle-même de sa terreur, elle rendit grâce au
ciel, disant qu'elle triomphoit de sa rivale. On
arrêta son sang avec des orties écrasées entre
deux pierres, on banda la blessure avec des
compresses, on la porta du champ de bataille
dans son carrosse, & comme on lui demanda
quel étoit l'heureux mortel pour qui elle ré-

pandoit son sang : « C’est, dit-elle, le plus ai-
« mable seigneur de la cour ; je suis prête à verser
« pour lui mon sang jusqu’à la dernière goutte.
« C’est le duc de Richelieu, oui, le duc de
« Richelieu, le fils aîné de Vénus & de Mars. »

« Le lendemain, un page du Régent, témoin de l’événement, alla en porter la nouvelle
au prince à son petit lever. Mais déjà la Cour
en étoit instruite ; & l’on demanda au page de la
raconter comme il la savoit. La compagnie, au
lieu de plaindre la pauvre Nesle, éclata de rire
quand le page dit avoir visité & pansé lui-même
la blessure, & il ajouta les expressions de Mme de
Nesle qui vouloit verser, disoit-elle, son sang
pour Richelieu. Le Régent, à ces paroles :
« Tu veux briller, répondit-il, mouton de
« Champagne! »

Après le défilé des cinq sœurs de la maison
de Nesle dans le lit royal, Mme de Pompadour,
succédant à toute la famille, quitta sa charmante résidence de Bellevue pour venir s’installer à la Muette ; c’est elle qui, à la suite des
travaux ordonnés par Louis XV, orna cette
demeure royale d’une grande partie de ses
œuvres d’art ; au vestibule, quatre tableaux de

batailles, deux de Van der Meulen & deux de Martin l'aîné; au-dessus de l'antichambre des seigneurs, quatre pendants de Dumont : la *Victoire*, la *Paix*, l'*Abondance*, la *Générosité;* dans la salle à manger, un portrait en pied du roi, & deux grands tableaux de chasse d'Oudry; au-dessus des portes, quatre panneaux d'Oudry : un *Combat de coqs*, aujourd'hui au Louvre; un *Renard se jetant sur un faisan*, une *Buse culbutant un lièvre*, un *Chien se jetant sur des canards dans les roseaux;* au salon, deux grandes toiles de Boucher & de Natoire : l'*Enlèvement d'Europe* & *Une fête de Bacchus;* dans la chapelle, une *Sainte-Famille* de Raphaël, aujourd'hui au Louvre, & une *Visitation,* d'après Raphaël. Le jardin était plein de statues de Lemoine père, Lepautre, Flamen : une *Chaßereße eßayant une flèche*, une *Nymphe revenant de la pêche, Pluton enlevant Proserpine,* etc.

De 1741 à 1748 déjà, le château avait été l'objet d'importantes transformations, d'abord du côté du jardin, en 1747 du côté de la cour; on avait ajouté un étage. « Le roi est allé aujourd'hui faire un dîner-souper à la Muette avec la marquise de Pompadour & sa compagnie.

12.

C'est un nouvel établissement que la Muette depuis qu'on y a travaillé, raccommodé, rétabli & fait beaucoup de dépenses pour peu de beautés [1]. »

« Au château de la Muette, écrit de son côté l'avocat Barbier, dans le Bois de Boulogne, on fait de grands travaux. On prend une fort grande enceinte dans le bois, pour étendre le potager & faire des bosquets qui formeront une grande terrasse bâtie en pierres & moellons. Le dessein est même d'abattre plusieurs bâtiments faits depuis trois ans, pour les remplacer & rebâtir d'une autre façon. On fera plusieurs percées dans le bois; on abattra tout ce qui est vis-à-vis le château, duquel on verra en plein celui de Bellevue [2]. »

Cette fièvre de bâtisse soulevait de vives critiques dans le public & même dans les cercles de la cour. « Le roi fait de grandes dépenses à la Muette, dérangeant les basses-cours pour les mettre plus loin & n'avoir point ce spectacle devant lui. L'on fait des cours & des avant-

---

[1] D'Argenson, ouvr. cit., t. V; février 1748.
[2] *Journal de Barbier,* t. III, p. 175 & 176; octobre 1750.

cours, on agrandit les jardins & l'on prend une partie du Bois de Boulogne suivant ce dessein... toutes choses qui vont coûter bien de l'argent dans un temps où il n'y en a guère au trésor royal [1]. »

En février 1753 enfin, Louis XV, mécontent de son œuvre, décida de tout abattre pour laisser la place à une reconstruction dans des proportions plus vastes & plus régulières, la façade tournée vers le pavillon de Bellevue qui appartenait à la Pompadour. « Le roi a ordonné de nouveaux bâtiments à Choisy & à la Muette; M. de Machault a dit qu'il ne savait plus où prendre de l'argent; Sa Majesté lui a répondu qu'il fallait lui en trouver & a tourné le dos. » Il s'agissait « de faire abattre le château de la Muette pour en construire un nouveau & beaucoup plus grand, lequel doit regarder Bellevue & symétriser absolument; quelle folie!... Le bâtiment de la Muette coûtera deux millions; le roi veut y pouvoir loger sa famille quand il y va [2]. »

[1] D'ARGENSON, ouvr. cit., t. VI, 10 janvier 1751.
[2] *Ibid.,* t. VII, p. 415, 417, 433.

En 1891, on démolit en face de la gare de Passy ce qui restait de la *petite Muette* (les communs de la Muette). Avant l'ouverture du chemin de fer de ceinture qui les sépara du château & du grand parc, ces bâtiments s'étendaient jusqu'à la rue de la Pompe, & même plus loin au n° 84 de la rue de Passy, où était installé, sous Louis XV, le cabinet de physique de la Muette; c'était dans une maison qui a subsisté jusqu'à notre époque, ancien hôtel à hautes & larges fenêtres auquel on accède par une grande porte cochère. Un grand jardin accompagne le bâtiment principal qui a conservé, de ce côté seulement, son ancien aspect.

Louis XV trouvait quelque distraction à son incurable ennui dans les sciences, surtout la physique & l'astronomie; plus d'une fois il alla assister avec la cour aux séances de physique expérimentale que le célèbre Nollet[1] tenait

---

[1] L'abbé Nollet y réunissait autour de ses appareils les jeunes abbés de cour, les grandes dames, les seigneurs curieux d'expériences dans la science, alors naissante, de l'électricité, dont la plus curieuse était celle de l'*œuf électrique.* Dans un globe en verre, deux tiges métalliques produisaient l'étincelle qui s'étendait graduellement à mesure que l'on faisait le vide. Au xixᵉ siècle, Crookes, puis Herz

pour les Enfants de France ; à cet effet, vers 1750, il transforma en cabinet de physique un bâtiment situé dans les jardins de la Muette. Le bénédictin D. Noël qui en fut nommé gardien avait déjà construit pour le roi·divers instruments, entre autres un télescope de 8 mètres de longueur, dont la puissance malheureusement ne répondait pas à ses dimensions. On y plaça également une curiosité d'optique offerte au roi par le marquis de Marigny, directeur général des bâtiments : c'était un tableau de Vanloo représentant huit figures allégoriques : la *Magnanimité*, la *Justice*, la *Valeur militaire*, l'*Intrépidité*, etc., plus des figures d'animaux. Vues par un verre à facettes, toutes ces figures s'unissaient en une seule pour former le portrait très distinct du roi[1]. Devant le nombre toujours croissant des instruments, la place finit par manquer, & le roi fit acheter l'hôtel

reprirent les expériences de Nollet & frayèrent la voie, dans une mesure notable, à une des grandes découvertes modernes ; c'est avec un appareil qui n'était autre qu'un tube de Crookes dérivant de l'ancien œuf électrique que Rœntgen réalisa la photographie à travers les corps opaques.

[1] *Mémoires de Bachaumont,* 24 janvier 1763 ; t. I, p. 194 & 195.

de la rue de Passy, n° 84, qui était à proximité du château de la Muette, séparé des communs ou *petite Muette* seulement par la grille du Bois de Boulogne.

A l'avènement de Louis XVI, en juin 1774, D. Noël eut pour successeurs les physiciens Rochon & Leroy qui continuèrent à enrichir le cabinet de physique & d'optique d'instruments des plus curieux; en 1788, le roi ayant par motif d'économie prescrit la démolition de Madrid & de la Muette, on transporta en 1790 ces instruments à l'Observatoire.

Nous approchons de la fin du règne de Louis XV. En se rendant de Saint-Denis à Versailles pour son mariage, en mai 1770, la dauphine passa par la porte Maillot. Le 15, « la cour soupa au château de la Muette. Mme Du Barry avait obtenu des bontés du roi l'honneur de se trouver à la même table que l'archiduchesse. Trop jeune encore pour juger du rôle que jouait à la Cour cette favorite, elle comprit qu'il lui convenait de respecter la volonté du roi. Elle ne fit paraître aucune émotion... daigna même répondre à ceux qui voulurent connaître son opinion sur la comtesse

Du Barry, qu'elle la trouvait charmante. Ce mot fut répété... & toute la Cour applaudit à la justesse de la réponse [1] ». Ce qu'un serviteur dévoué ne pouvait ajouter, la maîtresse en titre, flattée dans sa vanité de l'invitation du roi en dépit des efforts d'un parti hostile, l'exprima avec la désinvolture d'une fille à peine mitigée par les « sentiments de pudeur » dont se targuait cette parvenue. « Mon arrivée inattendue, l'affabilité avec laquelle le roi, me prenant par la main, me présenta à sa petite-fille, la grâce charmante avec laquelle celle-ci me reçut, les paroles affectueuses qu'elle m'adressa & que ne démentaient ni son sourire ni son regard, tout mon triomphe en un mot désola mes adversaires confondus. Le roi, qui me dévorait des yeux, ne put s'empêcher de demander à la dauphine comment elle me trouvait. « Madame, répliqua la princesse, « me semble une femme bien séduisante & je ne « suis pas surprise de l'attachement qu'elle peut « inspirer. » Ce propos si flatteur me fut rap-

---

[1] *Mémoires de Weber,* frère de lait de Marie-Antoinette, t. I, p. 23.

porté sur l'heure et m'enchanta. De mon côté j'examinai la dauphine comme pour la remercier de son éloge, & pour lui rendre une partie de l'approbation qu'elle avait donnée à ma beauté… Cette même soirée, après avoir bien examiné la dauphine, trouvant le dauphin très heureux de posséder une aussi adorable personne, je me mis à l'examiner aussi. Je demeurai confondue de son air froid. Il regardait à peine sa radieuse épouse, tandis que son grand-père la détaillait avec des yeux qui m'étaient infidèles. Le roi s'aperçut comme tout le monde du calme ou pour mieux dire de la tristesse du dauphin, &, s'approchant de moi, il me dit : «Je gage que le pauvre garçon «est fort embarrassé sur ce qui lui reste à faire. «Le duc de La Vauguyon aurait dû l'en in- «struire; c'est une chose que le gouverneur des «Enfants de France devrait leur apprendre à «la fin de leur éducation.» Après ce propos, il appela le gouverneur, & le tirant à l'écart : «Duc, lui dit-il, savez-vous si le dauphin sait «comment s'y prendre? — Oui, sire, on ne lui «a rien laissé ignorer à ce sujet. — Et a-t-il «voulu faire une répétition pour bien jouer son

«rôle? — Non, sire. — Le lui a-t-on proposé?
«— Oui, sire. — Et il a refusé? — Oui, sire!
«— Ah! le nigaud!» Et le roi se frotta les
mains en levant les épaules [1].»

Louis XV ayant été emporté par une vérole
maligne à la suite d'une dernière aventure
scandaleuse, la cour avait commencé par s'installer à Choisy où Mesdames Adélaïde, Victoire & Sophie, qui avaient soigné le roi leur
père avec un dévouement sans relâche, furent
presque aussitôt atteintes de la même affection.
La famille royale dut, pour éviter la conta-
gion, se séparer des malades & alla s'établir à
la Muette où la proximité de la capitale attira
sur-le-champ une foule de monde qui dès
l'aube assiégeait les grilles. «On eut à recevoir
à la Muette les révérences de deuil de toutes
les dames présentées à la cour; les plus vieilles
comme les plus jeunes dames accoururent pour
se présenter dans ce jour de réception générale [2]; les petits bonnets noirs à grands papil-

---

[1] *Mémoires de la comteße Du Barry.* Paris, 1829; t. II,
p. 121-123.
[2] Nous savons par d'autres sources que la cérémonie
eut lieu au commencement de juin.

lons, les vieilles têtes chancelantes, les révérences profondes & répondant au mouvement
de la tête, rendirent à la vérité quelques véné-
rables douairières un peu grotesques; mais la
reine, qui avait beaucoup de dignité & de
respect pour les convenances, ne commit pas
la faute grave de perdre le maintien qu'elle
devait observer. Une plaisanterie indiscrète
d'une des dames du palais lui en donna cependant le tort apparent. Madame la marquise
de Clermont-Tonnerre, fatiguée de la longueur de cette séance & forcée par les fonctions de sa charge de se tenir debout derrière
la reine, trouva plus commode de s'asseoir
à terre sur le parquet, en se cachant derrière
l'espèce de muraille que formaient les paniers
de la reine & des dames du palais. Là, voulant fixer l'attention & contrefaire la gaieté,
elle tirait les jupes de ces dames, & faisait
mille espiègleries. Le contraste de ces enfan-
tillages avec le sérieux de la représentation déconcerta Sa Majesté plusieurs fois : elle porta
son éventail devant son visage pour cacher un
sourire involontaire, & l'aréopage sévère des
vieilles dames prononça que la jeune reine s'était

moquée de toutes les personnes respectables qui s'étaient empressées de lui rendre leurs devoirs; qu'elle n'aimait que la jeunesse; qu'elle avait manqué à toutes les bienséances, & qu'aucune d'elles ne se présenterait plus à sa cour.

«Le lendemain il circula une chanson fort méchante & où le cachet du parti[1] auquel on pouvait aisément l'attribuer se faisait remarquer. En voici un refrain :

> «*Petite reine de vingt ans,*
> «*Vous qui traitez si mal les gens,*
> «*Vous repaßerez la barrière,*
> «*Laire, laire, laire, lanlaire,*
> «*Laire lanla*[2].»

La famille royale ouvrit donc le nouveau règne en passant à la Muette plusieurs semaines de calme & consacrées à cette vie de famille que Louis XVI aimait par-dessus tout : sur les menus incidents de cette courte période

---

[1] Le parti anti-autrichien, qui déjà s'agitait, guettant pour les exploiter les fautes qui pouvaient échapper à l'inexpérience de la jeune reine.

[2] *Mémoires de Mme Campan,* éd. Barrière, chap. IV, p. 93-94.

nous empruntons quelques notes au *Journal*[1] qu'a laissé le libraire parisien Hardy des événements qui se sont déroulés sous ses yeux de 1764 à 1789.

« Du dimanche 22 mai. Ce jour, fête de la Pentecôte, le Roi, la Reine & toute la famille royale assistent à l'office du matin & de l'aprèsmidi dans l'église des religieux Minimes de Chaillot, dits *les Bonshommes,* où il se rend du château de la Muette, n'ayant pas jugé à propos d'aller à l'église paroissiale de Passy, attendu qu'elle était trop petite pour contenir toute la cour. (Reg. 6681, p. 348.)

« Du mardi 24 mai. Ce jour, le Roi, la Reine & la famille royale, qui avaient assisté la veille à l'office dans l'église des religieux Minimes de Chaillot, y entendent également la messe & au retour, vers la fin de la matinée, se promènent sur l'herbe à l'entrée du Bois de Boulogne. Vers les sept heures du soir, ils se montrent encore tous au peuple sur le balcon du château, & paraissent se donner récipro-

---

[1] En 8 gros volumes. Voir les mss. du fonds franç. à la Bibl. nat., n⁰ˢ 6680-6687.

quement des marques de leur union & de la plus tendre amitié. (P. 349.)

«Du dimanche 5 juin. Ce jour, le Roi reçoit enfin au château de la Muette les compliments de toutes les cours souveraines, de l'Université & des autres corps sur son avènement au trône. (P. 355.)

«Du jeudi 9 juin... On voit le soir du même jour, dans le Bois de Boulogne, la Reine & les autres princes ou princesses se promener, non ensemble comme de coutume, mais séparément, tandis que le Roi travaillait avec ses ministres. La Reine, qui était seule dans son carrosse avec une de ses dames, ne paraissait point gaie comme à l'ordinaire, ce qui faisait soupçonner qu'elle pouvait avoir quelque sujet de mécontentement. (P. 357.)

«Du dimanche 12 juin. Un particulier se promenant aux environs du château de la Muette, vers cinq heures du soir, y voit arriver une chaise de poste extrêmement crottée, dont les jalousies étaient absolument fermées, avec un postillon & un laquais en redingote grise. Cette chaise de poste entre tout droit dans la cour, de manière qu'on ne peut voir

s'il en descendait quelqu'un, & tout aussitôt
les cavaliers de la maréchaussée, qui avaient
fait ranger les curieux, annoncent à tout le
monde que le Roi ne sortirait point de tout
le jour, attendu que Sa Majesté travaillerait
jusqu'à huit heures & demie du soir. (P. 361.)

«Du mercredi 15 juin. Ce jour, on rap-
portait un trait du jeune roi qui prouvait de
plus en plus son caractère bienfaisant : savoir,
que, se promenant dans la cour du château de
la Muette & y apercevant de pauvres femmes
qui travaillaient à l'ardeur du soleil à déraci-
ner l'herbe entre les pavés, il leur avait demandé combien elles gagnaient par jour à ce
métier; à quoi l'une d'elles ayant répondu
qu'on leur donnait 8 sols & la soupe, il s'était
ensuite adressé au maître-jardinier pour lui
faire la même question; mais comme il l'avait
trouvé en contradiction avec ces femmes en
ce qu'il soutenait qu'elles gagnaient 30 sols
par jour & la soupe, il les avait mandées sur-
le-champ, & d'après leur assurance réitérée en
présence du jardinier qui en avait été con-
fondu, il avait expulsé ce jardinier infidèle.»
(P. 363.)

Louis XVI ne donnait pas tout son temps à ces soins d'intérieur : c'est de la Muette qu'il data presque aussitôt le premier édit du nouveau règne : acte bien fait, par l'incontestable sincérité, d'une part, comme par la confiance publique, de l'autre, pour donner au pays l'espérance d'un gouvernement réformateur. «Le Roy, écrivait, dès le 18 mai, Marie-Antoinette à sa sœur Marie-Christine, a donné ordre de dresser un édit par lequel il fait remise du *droit de joyeux avènement*, & je renonce pour ma part au *droit de ceinture de la reine*[1]; voilà, j'espère, de quoi nous faire aimer, il est impossible d'être animé de meilleures intentions que mon mari, il tâche de faire pour le mieux; il est préoccupé à faire peur, étudie sans cesse ce qu'il doit faire pour être digne de sa tâche &

[1] C'était le droit de confirmer, moyennant une taxe, les immunités d'impôts de tous les privilégiés : franchises des villes, des communautés, des corporations, des anoblis, etc. (Voir le *Recueil d'édits & arrêts pour la ville de Paris*. Paris, 1775, in-4°; année 1774, t. I.) Louis XII seul, avant Louis XVI, en avait fait l'abandon. — Le droit de *ceinture* (qui tenait lieu de bourse), pour l'entretien de la maison de la reine, était perçu sur tout muid de vin vendu. A l'avènement de Louis XV, le droit de joyeux avènement avait produit 41 millions.

améliorer; il travaille tant, qu'à peine si je le vois. » Et plus tard : « L'Édit paroît; le Roy a voulu se donner le plaisir d'en rédiger lui-même le préambule, je vous l'envoye[1]. »

L'Édit de la Muette, accueilli avec grande faveur, fut répandu partout; on en fit même des exemplaires illustrés. Il devait préluder à d'autres mesures sur la modération des dépenses de luxe à la cour : les menus (plaisirs), les spectacles, la chasse, les écuries, la table. Depuis la fin de 1773, Marie-Antoinette avait pris l'initiative de ne plus faire servir qu'une seule table commune au roi, à la reine, aux comtes & comtesses de Provence & d'Artois. Louis XVI décida que les portes du Bois, toujours fermées durant les séjours de Louis XV à la Muette, resteraient ouvertes au public. La reine y allait à pied ou à cheval, sans garde, accueillant chacun avec affabilité & recevant de sa propre main tous les placets. Au bout de cinq semaines de séjour, la cour partit pour Marly & Compiègne; mais tous les ans, en mai, le roi y revint, comme faisait déjà son

---

[1] Beaublé a gravé d'après Voysard une pièce in-4° sous le titre : *Édit du Roy donné à la Muette en 1774.*

prédécesseur, lors de la revue des gardes fran-
çaises & suisses dans la plaine des Sablons. Il
descendait la veille au château, & se rendait
sur le terrain de manœuvres par le Bois, qui,
avec la porte Maillot, offrait le seul chemin
direct, large & ombragé. Une voyageuse an-
glaise a noté les impressions qu'elle rapporta
d'une de ces revues à la date du 6 mai 1784 :
« Aujourd'hui grande revue dans la plaine des
Sablons. Temps splendide & affluence énorme,
aucune distinction de rang ou de condition...
Sa Majesté ainsi que le comte d'Artois, assez
gros tous les deux, étaient fort peu à leur
avantage avec leurs habits garnis de dentelles.
Suivis d'une foule énorme, ils n'atteignirent
qu'avec les plus grandes difficultés une des
portes du Bois de Boulogne où les attendait
leur carrosse pour les ramener à Versailles.
Apercevant le duc de Choiseul qui se trouvait
à cette porte, le roi s'en approcha pour causer
familièrement avec lui. Il lui dit que cette
plaine sablonneuse l'avait presque aveuglé &
qu'il était content de trouver son carrosse
prêt... Mais, au moment de passer par la seconde porte, on s'aperçut qu'on en avait perdu

la clef. Ces Messieurs se mirent alors tous à l'ouvrage &, aidés du second postillon, réussirent à enlever la porte hors de ses gonds. Le roi & son frère semblaient fort s'amuser de cette aventure [1]. »

Le 8 février 1779, le roi voulut célébrer les récentes couches de la reine en dotant cent jeunes filles pauvres, qui furent mariées à Notre-Dame en présence de toute la cour, cette fois encore en séjour à la Muette. « La reine, qui n'avait déterminé le roi à venir que dans la pleine confiance de l'accueil le plus flatteur de la part du peuple, qui s'était en conséquence rendue à Paris avec la plus grande gaieté, n'ayant entendu que des *Vivent le Roi & la Reine!* faibles & peu fréquens, est revenue au château de la Muette de fort mauvaise humeur... M. le comte d'Artois, en arrivant à la Muette, s'est plaint d'avoir le torticolis à force de regarder [2]. »

Les premières ascensions aérostatiques sont un des faits les plus mémorables qui se soient produits à la Muette dans ses dernières années

[1] *Journal de Mme Cradock*, Paris, Perrin, 1896; p. 24-26.
[2] *Mémoires secrets de Bachaumont*, t. XIII, p. 279.

avant la Révolution. A cette époque, les *mont-golfières,* appelées aussi *globes aéroſtatiques* à cause de leur forme sphérique, ne se composaient que d'une enveloppe de toile doublée de papier. A la partie inférieure se trouvait l'ouverture surmontant un réchaud à feu de paille qui fournissait l'air chaud.

Après quelques expériences heureuses, mais toujours avec un ballon captif ou non monté, le marquis d'Arlandes & le physicien Pilâtre de Roziers décidèrent d'en faire une plus sérieuse qui eut lieu dans les jardins de la Muette, sous les yeux de Franklin alors à Passy. C'était la première ascension d'un ballon libre & monté qui consacra définitivement le succès de la nouvelle invention : il est aisé d'imaginer à quel point les esprits, à la cour & dans le public, étaient en suspens, & avec quelle ardeur ils attendaient le résultat de l'expérience. L'aérostat, construit sous la surveillance de Montgolfier chez le fabricant de papiers peints Réveillon[1], au faubourg Saint-Antoine, fut

[1] Dont la maison fut pillée, trois mois avant la prise de la Bastille, le 28 avril, par une foule qui l'accusait d'être hostile aux réformes.

transporté le 19 novembre 1783 au château. Le 21, deux jours après, tout étant prêt, les deux ascensionnistes s'élevèrent. « J'étais surpris, écrivit d'Arlandes à son ami Faujas de Saint-Fond, du silence & du peu de mouvement que notre départ avait occasionnés sur les spectateurs; je crus qu'étonnés & peut-être effrayés de ce nouveau spectacle, ils avaient besoin d'être rassurés. Ayant tiré mon mouchoir, je l'agitai & je m'aperçus alors d'un grand mouvement dans le jardin de la Muette... C'est dans ce moment que M. Pilâtre me dit : « Vous « ne faites rien, & nous ne montons guère. — « Pardon », lui dis-je. Je mis une botte de paille, je remuai un peu le feu & je me retournai bien vite; mais je ne pus retrouver la Muette. Étonné, je jette un regard sur le cours de la rivière, je la suis de l'œil, enfin j'aperçois le confluent de l'Oise. Voilà donc Conflans! Et nommant les autres principaux coudes de la rivière; je dis : Poissy, Saint-Germain, Saint-Denis, Sèvres! Donc je suis encore à Passy ou à Chaillot! En effet, je regardai par l'intérieur de la machine, & j'aperçus sous moi la Visitation de Chaillot. M. Pilâtre me dit

en ce moment : « Voilà la rivière & nous bais-
« sons. — Eh bien, mon cher ami, du feu! »
Et nous travaillâmes. Mais au lieu de traverser
la rivière, comme semblait l'indiquer la direc-
tion qui nous portait sur les Invalides, nous
longeâmes l'Île des Cygnes, rentrâmes sur le
lit principal de la rivière, & nous le remon-
tâmes jusqu'au-dessus de la barrière de la Conférence[1]. » Après ce voyage un peu mouve-
menté de dix-sept minutes, les deux voyageurs
mirent pied à terre à la Butte aux Cailles,
près de la route de Fontainebleau. Sous la
protection d'un sergent de la garde accouru,
le ballon fut plié & mis en sûreté chez Réveillon qui l'avait construit, tandis que le duc de
Chartres, qui avait suivi en carrosse le ballon
dans sa course[2], arrivait sur les lieux pour
s'enquérir de l'état des deux voyageurs. Enfin
d'Arlandes rentra seul à la Muette, quittant
son compagnon qui avait perdu son habit dans

[1] FAUJAS DE SAINT-FOND, *Description des expériences de
la machine aérostatique de MM. de Montgolfier.* Paris, 1784;
t. II, p. 24.
[2] Ainsi qu'un courrier de la duchesse de Polignac,
gouvernante des Enfants de France, qui s'était beaucoup
intéressée aux apprêts de l'expérience.

la cohue de l'atterrissement, & n'était plus présentable. Ce fut la fin d'une journée historique & la consécration de la grande découverte.

Nous nous en voudrions de clore ces souvenirs si développés déjà, pourtant si rapides, sans dire un mot d'un établissement populaire, tout voisin, mais complètement indépendant de la Muette, qui jouit en son temps d'une grande renommée, & a transmis l'écho de son nom à notre époque. Au début du XVIIIe siècle il n'y avait près de la Muette qu'une grande pelouse où l'on dansait en plein air; c'est vers 1770 seulement qu'un certain Morisan, garde de la porte de Passy, obtint du prince de Soubise, gouverneur de la Muette, la permission d'enclore le terrain de danse pour créer un établissement fermé sous le nom de *Ranelagh,* emprunté à un établissement analogue de Chelsea, près de Londres[1]. Sur le bord de la grande allée éclairée de lanternes suspendues aux arbres, de petites pièces à manger étaient couvertes & fermées. Au centre, une rotonde portant sur

[1] Créé par lord Ranelagh, qui bâtit une rotonde où l'on donna des concerts & où l'on dansa ensuite.

des colonnes de pierre recevait les musiciens : le public circulait au-dessous. *Le bal du Cours,* au Ranelagh, s'ouvrit en juillet 1774 : bal public de tenue assez libre, où les amateurs se rendaient après avoir dîné à Passy, il n'eut pour débuter qu'un succès médiocre, jusqu'au jour où la reine[1], qui aimait beaucoup la Muette, commença à se mêler aux danses avec ses dames : comme elle redoutait les refroidissements dans un endroit trop exposé à l'air, le bon Moisan couvrit le bal d'une toiture en ardoise. Ce fut le signal de la vogue : la reine y vint plus souvent, même avec la famille royale. La Révolution éloigna la cour & finalement la Terreur vit fermer la salle.

Nous n'ajouterons que peu de mots sur la Muette. En 1788, les temps devenaient difficiles & commandaient l'économie. Le roi supprima le poste de gouverneur & ordonna de

---

[1] Elle fut à la tête des dames patronnesses qui protégèrent le nouvel établissement. C'est à la Muette qu'un peu plus tard elle donna audience à un jeune artisan de Strasbourg, le pauvre mais génial Érard, qui devait créer pour ainsi dire de toutes pièces en France l'industrie des pianos, & devenir un jour le propriétaire des restes de la Muette.

démolir le château en même temps que celui
de Madrid; tandis que ce dernier disparaissait
graduellement sous la Révolution, la Muette,
plus favorisée, ne perdit qu'une partie de son
parc, vendue en 1791 & défrichée. En janvier 1793, on remit en vente la Muette : un lot,
comprenant le pavillon de gauche avec les
communs, fut acheté par un particulier; le
corps de bâtiment principal, avec une grande
partie du parc, ne trouvant pas acquéreur, fut
loué sous le Directoire à Talleyrand.

CHAPITRE V.

BAGATELLE.

Les origines de Bagatelle, il faut bien en convenir, prêtent à quelque incertitude. Élevé vers 1711 on ne sait par quel architecte, Bagatelle passa durant un certain nombre d'années en diverses mains. D'abord ce fut la petite retraite d'un grand seigneur, le comte de Charolais, de la maison de Bourbon-Condé, & quelques années après du maréchal d'Estrées au temps duquel paraît pour la première fois le nom de « château de Bagatel » : il y était en 1721. « Mardi 12, le maréchal d'Estrées donna à souper au Régent avec Mme d'Averne dans la petite maison de la maréchale qui est sur le Bois de Boulogne vis-à-vis l'eau. Cette maison, quoique nommée Bagatelle, lui a coûté cent mille livres au moins, mais ils ont gagné des biens immenses. Je soupai ce même jour au Bois de Boulogne dans une maison voisine ; nous les vîmes tous passer. J'admirai la hardiesse du Régent qui sait ou doit savoir qu'il n'a pas donné sujet de l'aimer, & qui était cependant dans un carrosse tout ouvert, la maréchale à côté de lui, la d'Averne sur le devant, deux valets de pied seulement, sans un page ni un garde : cela ne peut pas s'appeler avoir peur. Avant souper, ils se promenèrent sur l'eau; nous entendîmes de dessus la terrasse des fêtes de musique; de là le Régent s'en alla coucher à Saint-Cloud. » (12 août 1721 [1].)

Restée veuve en 1737, la maréchale d'Estrées continua à y demeurer jusqu'en janvier 1745. Mme de Cursay, puis la marquise de Mauconseil, à laquelle Louis XV en abandonna la jouissance en 1747, en furent à leur tour les hôtesses passagères. En 1753, enfin, c'est une petite-fille du grand Condé qui y entra : Mlle de Charolais, que nous connaissons déjà par les services galants qu'elle rendit à Louis XV au château de Madrid, transformé en *maison de rendez-vous*. « Le pavillon de Mademoiselle » entra dans une période relativement brillante. On s'y amusa beaucoup, on y

[1] Voir le *Journal de Barbier*.

fit l'amour peu ou prou, & plus d'un écrivain,
d'un philosophe même, y eut ses entrées; Vol-
taire, qui ne dédaignait pas de faire sa cour
aux grands seigneurs qui flattaient sa vanité, en
fut un familier. Un tableau galant de Boucher,
qui représentait la dame de céans en costume
de franciscain, lui inspira ce quatrain significa-
tif :

Frère Ange de Charolois,
Dis-nous par quelle aventure
Le cordon de Saint-François
Sert à Vénus de ceinture?

Dans un cercle à l'esprit aussi alerte, les distractions ne faisaient pas défaut : ainsi fut imaginé, en une heure de désœuvrement, l'*Ordre
de Bagatelle,* qui s'ajoute aux divers ordres fan-
taisistes, ceux de l'*Abeille,* créé par la duchesse
du Maine à Sceaux, de l'*Aloyau,* des *Altérés,*
que vit éclore le XVIIIe siècle. Seuls les intimes
de la maison y étaient admis. La maréchale de
Luxembourg, la marquise de Mauconseil en
furent, & la princesse d'Hénin, & la comtesse
d'Egmont; ces dames jouaient sur le petit
théâtre pour lequel les poètes galants compo-

saient des divertissements & des ballets. Les membres de l'Ordre, du reste tout éphémère, portaient, cela va sans dire, des insignes, une petite décoration.

Après Mlle de Charolais qui y mourut en 1758 & le prince de Chimay qui l'habita quelque temps en 1770, le domaine fit retour à la couronne. En 1775, Louis XVI en fit don à son frère cadet, le comte d'Artois, qui ne tarda pas à transformer sa nouvelle maison de campagne, telle qu'elle est restée jusqu'en 1873. En 1777, le prince la fit reconstruire dans l'espace de soixante-quatre jours par son architecte Bellanger qui y dépensa 600,000 livres; l'ancien « pavillon de Mademoiselle » était devenu « la Folie d'Artois ».

Le dernier château de Bagatelle fut le résultat d'une gageure entre la reine & le comte d'Artois qui paria 100,000 livres d'achever sa maison dans le court espace de deux mois. Il gagna, & nul ne s'en étonnera, à ne considérer que l'extérieur de ce modeste pavillon. A le parcourir dans ses détails, on devra reconnaître l'effort exceptionnel qui a permis de tenir un pari aussi risqué. Que de choses dans ce petit logis! Une vaste cour d'honneur donne accès au corps de logis principal sur lequel s'ouvre une fort belle porte en bronze dans le plus pur style Louis XVI; le fronton porte cette devise significative : *Parva sed apta* (petite mais commode), & le visiteur, à peine entré dans le vestibule, peut se convaincre qu'elle tient ses promesses. Le rez-de-chaussée comprend une salle à manger qui a gardé ses boiseries dorées du temps; un salon en rotonde, recouvert d'une coupole que soutiennent des pilastres en stuc, sur lesquels le peintre Dugourre exécuta vingt-quatre sujets galants dans la manière antique imitant des bas-reliefs de marbre; ils existent encore; enfin une salle de billard.

Un escalier d'acajou, suspendu avec une incroyable légèreté, conduit au premier étage, dont les chambres à coucher ont une grande ressemblance & comme un air de famille avec les boudoirs de Trianon : celle du maître de la maison, à l'angle de la cour d'honneur, du côté de la Seine, en forme de tente relevée par des faisceaux d'armes & pittoresquement embellie d'une cheminée à chambranles en forme de canons dressés sur leurs culasses, a malheureusement subi des transformations qui la rendent méconnaissable; le boudoir voisin du prince fut décoré de six tableaux de Callet & de peintures galantes au goût du maître qui ont été conservées, entre autres *Le Pèlerin* & *La Pèlerine de Cythère,* qui se font pendant sur les panneaux d'une porte; le cabinet de bain lui-même reçut six toiles de Hubert-Robert.

Le jardin français, tracé sur l'emplacement du précédent, offre en grande partie les mêmes dispositions; le parc anglais, qui lui fait suite jusqu'à la lisière des dépendances de l'ancien château de Madrid, est dû à l'initiative du comte d'Artois, l'un des premiers à en introduire la mode en France : parc charmant, plein de recoins délicieux où les curieux peuvent identifier encore les sites du *buste de Lucullus,* du *banc des roches,* de la *cabane de l'Ermite,* du *pont chinois,* de la *barrière tournante,* du *jardin de Diane,* de l'*obélisque,* de la *maison hollandaise* & de la *petite tente tartare.*

Ce Bellanger qui rebâtit Bagatelle ne fut pas le premier venu; il tint une place, & non des moindres, dans la vie si mouvementée d'une des plus charmantes & spirituelles femmes du temps, de Sophie Arnould. Après Lauraguais, le grand seigneur qui l'enleva à sa famille & l'initia à la vie galante, c'est le roturier, en 1771, qui fut admis chez elle. Lasse de sa vie turbulente & irrégulière, elle se prit d'une belle passion pour cet homme jeune, aimable, & songea un instant à épouser l'artiste qui ne demandait pas mieux. Tout Paris crut à ce mariage & cria à la mésalliance entre une reine de l'Opéra & un petit architecte encore peu connu. « La demoiselle Arnoux, disent les *Mémoires de Bachaumont,* à la date du 13 août 1771, si célèbre au théâtre par ses talens & dans le monde par ses bons mots, après s'être égayée aux dépens de tant d'autres, vient de fournir matière aux rieurs par le mariage le plus sot.» Le *mariage le plus sot,* il est vrai, ne se fit pas, mais Bellanger n'en resta pas moins l'ami dévoué & vigilant, la conseillant sur ses intérêts. En 1778, âgée seulement de trente-huit ans, elle dut quitter la scène; sa voix, en déclin depuis longtemps, lui faisait défaut sans retour. Il lui restait son esprit qui l'en consola. Lorsque Bagatelle fut achevé, le comte d'Artois permit aux Parisiens de le visiter; ils y

vinrent en foule, & Sophie y alla avec Bellanger. Fière de son succès, elle lui murmura
à l'oreille : «Vous devez être fier de votre
ouvrage, Paris s'occupera longtemps de Bagatelle.» Les insuccès de scène ne chassèrent pas
l'amoureuse; la liaison se poursuivit longtemps.
C'est elle qui voulut rompre pour un acteur
infime de la Comédie-Française, Florence.
Éconduit malgré sa résistance, l'architecte se
vengea par une malice qui était de bonne
guerre : il enferma sous un nouveau pli la
lettre, dépourvue de nom, qu'il venait de
recevoir, & l'expédia à son successeur. Celui-ci,
se croyant congédié, n'osa pas reparaître. Quand
l'erreur s'éclaircit, Sophie, dont le caprice était
passé, fut la première à en rire.

Revenons à Bagatelle : tout bien achevé, le
comte d'Artois fit hommage de son succès à
sa partenaire; la fête d'inauguration fut placée
sous le patronage de la reine qui en ordonna
tous les détails. L'art dramatique devait y avoir
sa place sous forme d'un opéra, & un théâtre
fut dressé dans le jardin.

Dazincourt & Dugazon, les deux étoiles de
la scène à cette date, furent mandés de Paris

tout exprès pour diriger les répétitions de la troupe qui comprenait les comtesses Jules & Diane de Polignac, le comte d'Artois, Dillon, «appelé *le beau* à la cour, singulièrement protégé par la reine[1]», du reste gentilhomme du comte d'Artois, & dont le nom fut mêlé aux calomnies lancées contre la malheureuse souveraine; le chevalier de Coigny, qui avait à la cour une grande réputation de galanterie depuis son aventure avec la princesse d'Hénin[2]; le comte de Vaudreuil, grand fauconnier de France, & qui plus tard accompagna le comte d'Artois en émigration; d'autres encore. Après quelques répétitions, chacun finit par savoir son rôle tant bien que mal, mais tout fut préparé dans le plus grand mystère. Le complot, on en conviendra, était du meilleur goût. Au jour fixé, les invités affluèrent en carrosses; le roi & la reine seuls eurent les honneurs de la cour d'honneur, où le comte d'Artois vint les recevoir en grande cérémonie : c'était un espace circulaire précédant le châ-

[1] *Mémoires de Bachaumont*, t. XVI; 9 novembre 1780.
[2] *Ibid.*, t. XXIV; 3 mars 1773.

teau, où six statues représentaient le *Silence,* le *Mystère,* la *Nuit,* la *Folie,* le *Plaisir,* la *Raison.* Les invités admirèrent fort les dessins du petit parc, la décoration de cette miniature architecturale, & la beauté des points de vue qu'on découvrait des fenêtres du premier étage.

Sous une tente dressée dans le jardin était placée une table richement servie; vers la fin du repas, quelques-uns des convives disparurent. Déjà le roi allait s'informer de la reine, lorsqu'une draperie se releva au fond de la salle, laissant voir un petit théâtre avec ses gradins. *Rose & Colas,* l'opéra-comique de Sedaine, fut écorché par la troupe d'amateurs; les applaudissements enthousiastes des courtisans, néanmoins, ne lui manquèrent pas. Un sifflet isolé se fit entendre au moment où la reine achevait un couplet. Les spectateurs se regardèrent consternés : un seul avait pu prendre une pareille liberté, & la reine, qui ne s'y trompait pas, s'avançant sur le bord de la scène vers le roi, lui dit : «Monsieur, puisque vous n'êtes pas content de mon jeu, prenez la peine de sortir, on vous rendra votre argent à la porte».

La Révolution apporta de grands changements dans le sort de Bagatelle. En mars 1794 la Convention décida de conserver à l'Etat, pour les appliquer aux fêtes populaires, à l'agriculture ou aux arts, *les domaines ci-devant royaux ou princiers* de Versailles, Bellevue, Saint-Cloud, Monceau, Sceaux, Le Raincy, L'Île-Adam, Vanves & Bagatelle au Bois de Boulogne. Entre temps, la citoyenne Tallien & Joséphine de Beauharnais y demeurèrent quelque temps, vers 1796-1798. Un peu plus tard, & en dépit du décret de la Convention, le domaine fut vendu à un entrepreneur de bals publics, qui y installa une salle de danse très fréquentée par les *Titus en jupons,* nous dit de Guerle dans son *Éloge des perruques,* publié en 1800. «Bagatelle!, s'écrie cet auteur, qui ne connaît ce petit palais d'Armide? Qui n'a désiré d'y faire, au moins une fois dans sa vie, un court voyage?

> *Asile heureux de l'ombre & du mystère,*
> *La Volupté l'a pris pour sanctuaire,*
> *Et sur la porte a gravé sans orgueil :*
> *«De par le Goût, le Plaisir, la Folie,*
> *«Maison d'Amour, petite, mais jolie.»*

C'est Napoléon qui, en 1812, peu avant son départ pour la Russie, le racheta pour l'État. La Restauration le restitua au comte d'Artois, & en 1835 il fut acquis par lord Hertford. A ce moment, il ne se composait «que d'une entrée, un beau & immense salon, avec une salle à manger d'un côté & une salle de billard de l'autre; quelques chambres seulement en haut, très petites, basses, étouffantes... Le parc est ravissant[1]». Et un peu plus tard, nous apprenons encore que «le château est solide & n'a besoin que de quelques réparations». En réalité, le nouveau propriétaire dut exécuter des travaux très importants; tous les planchers & les plafonds devaient être refaits, & plusieurs chambres nouvelles construites. C'est dans cette demeure, dont il avait fait la plus féerique retraite de France, que lord Hertford vieillit dans une singulière misanthropie, au milieu de toutes les jouissances du luxe, entouré d'une admirable collection d'art qu'il avait rassemblée, pièce à pièce, à grand prix & avec un soin

[1] D'après le *Journal de Th. Raikes* (un ami du marquis); Londres, 1856.

infini. Il avait pris l'humanité en haine, se
dérobant lui-même & dérobant jalousement ses
collections à tous les yeux; c'est là qu'il mourut
en 1870, aimant à répéter cette phrase : «Les
hommes sont mauvais, & quand je mourrai,
j'aurai du moins la consolation de n'avoir jamais rendu un service[1]».

[1] *Journal des Goncourt,* année 1859; vol. III, p. 309-310.

TABLE DES MATIÈRES.